读一页就有用的资治通鉴

李子霄 著

台海出版社

图书在版编目（CIP）数据

门道：读一页就有用的资治通鉴 / 李子霄著 .
北京：台海出版社，2024. 10. -- ISBN 978-7-5168
-3971-3

Ⅰ. K204.3-49

中国国家版本馆 CIP 数据核字第 2024C880P1 号

门道：读一页就有用的资治通鉴

著　　者：李子霄

责任编辑：赵旭雯
封面设计：仙境设计

出版发行：台海出版社
地　　址：北京市东城区景山东街 20 号　邮政编码：100009
电　　话：010-64041652（发行、邮购）
传　　真：010-84045799（总编室）
网　　址：www.taimeng.org.cn/thcbs/default.htm
E - mail：thcbs@126.com

经　　销：全国各地新华书店
印　　刷：天津市新科印刷有限公司
本书如有破损、缺页、装订错误，请与本社联系调换

开　　本：710 毫米 ×1000 毫米　1/16
字　　数：165 千字　印　张：14
版　　次：2024 年 10 月第 1 版　印　次：2024 年 10 月第 1 次印刷
书　　号：ISBN 978-7-5168-3971-3

定　　价：59.80 元

前言

本书是基于中国古代智慧经典《资治通鉴》的故事解读。《资治通鉴》原文阅读有一定门槛，而且内容庞大繁杂，普通读者难以抓到重点。本书的主旨是希望通过精编和解读的方式，看1300多年兴衰成败，懂人性、知谋略、明得失、会借势，力争让读者读得懂、用得上，把其中蕴藏的顶级中华智慧，融会贯通，用在职场和生活中。

有句话是这样说的："《资治通鉴》全书300多万字，上起东周，下至五代，1362年，16个王朝兴替，其实就讲了三个字：搞定人！"本书将《资治通鉴》中的智慧典故一一收集、整理，分门别类，并加以解读，深度挖掘出这部古代帝王的枕边书给我们普通人的"门道"。

在社会上，你可以没有门路，但不能没有门道。世间万物，成功与失败，兴起与衰落，都有一定的规则，这个规则就是门道。说的是通过合理的运筹帷幄、资源利用，把局势掌握在自己手里，这不仅需要智慧，更是谋略的博弈、格局的修炼。

本书介绍了八种门道类别，分别是：

修心。凡能做出一番事业的人，第一步都是先修炼自己，所谓“为将之道，当先治心”。无论形势多么危急，无论诱惑有多大，内心始终不为外物所动，这样才能保持冷静的头脑，制定合理化策略，应对不断变换的挑战和机遇。

立身。人无信而不立，一个人的信誉就是名片，在社会上安身立命、赢得别人信任，需要良好的品德素质。谦逊低调，不炫耀，不惹人嫉妒，见利而不忘义，不卑不亢，礼贤下士……有太多需要学习的品质，才能形成优秀的人格。

分寸。无论做什么事情，都不能过度，更不能越界。能拿得起，就要能放得下，分寸既是为人的底线，也是处世的原则。为人有分寸，切不可贪图和冒失；处世有分寸，切不可自大和卑微。老老实实做人，本本分分做事，始终让自己保持进退自如的状态，才不会乱了阵脚。

阳谋。不靠暗箱操作，不采用隐蔽手段，用阳谋一样能达成我们的目的，而且还会更长久，蕴藏着更强大的力量。懂阳谋的人，不屑于使用阴谋诡计，经历过风雨，才会明白光明正大的力量。这是一种让人心服口服的谋略，机关算尽不如阳谋傍身。

识人。人生在世，总要与各种各样、各行各业的人打交道。单丝不成线，独木不成林，没有得力之人相助，一个人本领再大，也成不了气候。识人就是识人辨才，为我所用。通过观察、判断对方的言谈举止，了解其性格特点和真实动机，从而制定有效的策略。同时，也能让我们识人避祸，避免交友不慎，远离品德有亏之人。

说服。少说多听，深入浅出，每一句话都有分量，这才是能说会道。说服，体现的不仅是口才，更是一个人的领导力，把自己的观点想法准确有效地传递给别人，让对方按我们的思路做事，这就是通过语言来发挥自身的影响力。有道是一言能兴邦，一言能却敌，一言能救命，一言化敌为友，一言而成大业。趋利避害，攻心为上，掌握说服的本质与逻辑，才能做到“一句顶一万句”。

借势。河水总是顺着地势流向低处，鸟儿总是乘风而起，树木总是向着阳光的方向生长。借势是顺应规律和趋势，顺势而为。一个人能力再强，也需要借势。善于借助外部力量，观察分析客观规律的变化，站在时代的风口上，才能飞得更高，这就是“借势思维”。

谋局。《孙子兵法》有言：“不谋全局者，不足谋一域。”人生如棋，我们要想走好每一步，就一定要有全局的规划。识局者生，破局者立，谋局者赢。谋局就是以大视角切入人生，力求站得更高，看得更远。在人生的棋盘上，走一步要想十步，不计较一时得失，方可落子无悔。

所谓门道，可以理解为做人、做事的方法论。门道可以很大，也可以很小。往大了说，是掌握事物的一定的运行规律，懂得物极必反、盛极必衰，顺应天下大势，规划自己的方向目标。往小了说，与人交往时你一言我一语，也藏着门道。

那么，《门道》一书，适合什么人读呢？

普通职场打工人要看。每日奔波，似乎没有尽头，内心里仍然想通过努力奋斗改变命运，需要一本讲为人处世智慧的书，让人少走弯路，看古代商鞅、范雎、刘邦等人，是怎么在底层借势而起，被人赏识的。

公司老板、部门领导要看。带团队总是人心涣散，凝聚力很差，需要一本讲识人用人的书，学习管理的艺术，看孟尝君、蔺相如、田单等人，如何用人格魅力收服人心的。

到了一定年纪还不开窍的人也要看。很多人行走在社会上，运气、能力都够用，事业却没什么进展，或许原因就是差那么一点儿“门道”，还没参透。

中国古代帝王将相的智慧交锋，在现实里是花多少钱都买不到的。参透这些故事背后的逻辑，学习其中为人处世的哲学，也许你也能掌握一些门道。

希望读者在阅读本书过程中，深刻理解“门道”的含义与本质，同时也能明白：门道不是钻营，不是投机取巧，而是做人、做事的智慧，是有底线和原则的。只有不断学习和思考，向内修心，向外立身，像古代名士那样，做堂堂正正的君子，才能真正有所成就。

目 录

第一章
修心 圣人内求，世人外求，身安不如心安

智伯之死：才胜于德，有始无终 / 003
乐毅自保：君子交绝，不出恶声 / 007
田单伐狄：成于奋搏，败于安逸 / 011
齐湣王出逃：人在低处要低头 / 014
陈胜之死：吃亏要趁早，越顺利越小心 / 017
白起自刎：不怨不恨，心宽自在 / 020

第二章
立身 先做人，后做事，天下皆可成之事

信陵君魏无忌：名誉是金，好名声就是影响力 / 027
魏惠王比宝：光而不耀，静水流深 / 030
鲁仲连义救聊城：做之不止，乃成君子 / 033
韩非之死：不露声色，不生新怨 / 036
宋康王的野心：越是得意，越要保持清醒 / 039

燕王姬喜：见利不忘义，临财不苟得 / 043
李良受辱：上交不谄，下交不渎 / 046

第三章
分寸　明得失，知进退，才能有始有终

齐国伐燕：适可而止，过犹不及 / 051
楚怀王被骗：及时止损，人不二过 / 055
范雎入秦：一出风头，就栽跟头 / 060
范雎罢相：及时思退，方得保全 / 064
长平之战：不受无故之利，不贪非分之福 / 068
甘茂亡秦：人在江湖，当如履薄冰 / 072

第四章
阳谋　越是光明正大，越是所向披靡

修建郑国渠：始于阴谋，成于阳谋 / 079
春申君之死：不害人，但不可不防人 / 082
传檄而定：攻城为下，攻心为上 / 086
王翦伐楚：适度示弱，往往更有力量 / 089
赵奢的阏与之战：狭路相逢智者胜 / 093
完璧归赵：兵来将挡，水来土掩 / 097
将相和：被人针对，怎么以退为进 / 102

第五章
识人　能让多少人追随，就能成多大的事

千金买骨：求贤若渴，更要货真价实 / 109
孟尝交友：只看大局，不问私心 / 112
商鞅入秦：眼见为实，不可偏听偏信 / 115
魏无忌窃符：想做成事，先找对人 / 118
田单解裘：善人之善，扬人美名 / 123
孟子见魏惠王：仁义在前，利益在后 / 127
鸡鸣狗盗：知人善任，用人所长 / 130
燕太子丹与嬴政：朋友发达，不要主动往前凑 / 134

第六章
说服　真诚为上，一句顶一万句

乐毅伐齐：搞定盟友，比搞定敌人更容易 / 141
陈筮求援：你越着急，别人越不帮你 / 145
触龙说赵太后：真诚利他，先人后己 / 148
李斯谏逐客书：趋利避害，遵从人性 / 153
茅焦劝谏：不讲道理，只讲后果 / 157
黄歇赴秦：共赢思维，各取所需 / 160

第七章
借势 鱼乘于水，鸟乘于风，向天地借势

赵王割地：他人之力，可以成事 / 167
毛遂自荐：关键时刻，往前走一步 / 171
孔斌请辞：可以逆风，不可逆势 / 176
奇货可居：人生要跃迁，先找制胜点 / 180
陈婴让王：不为天下先，背靠大树好乘凉 / 185
刘邦三攻丰邑：站在风口里，也要会蓄力 / 188

第八章
谋局 人生如棋，以身谋局，无往不胜

韩侯作高门：顺应大势，动不失时 / 195
马陵之战：晚入局，才能做渔翁 / 198
范雎的战略价值：满腔热血，最怕无效努力 / 202
扶苏的结局：遇事不慌，以谋全局 / 206
司马错伐蜀：久利之事勿为，众争之地勿往 / 209
魏文侯从谏：为谋大局，从善如流 / 212

第一章 修心

圣人内求，世人外求，身安不如心安

智伯之死：
才胜于德，有始无终

俗话说，人有德才有得，心里有，行动上也要有。历史上有太多的人，因为无德，做了很多过分的事，导致反噬。自己做事，要德字为先；结交友人，也要看他的德行如何。

春秋末期，晋国执政大臣、智氏家族的智宣子，宣布立嫡子智瑶为继承人，将来继承自己的事业。

族人智果反对说，智瑶虽有“五贤”：胡子又长又亮、精通射术、能文善辩、才艺过人、性格刚毅，但是有一个最大的弱点：不仁。也就是说，智瑶为人刻薄，总是干损人利己的事。智果认为，这样一个能力超群的人如果去做不仁不义的事，一定会造成大麻烦，将来智氏家族会因他而灭亡。

智宣子根本听不进智果的劝告，坚持让智瑶接班，也就是后来人称的“智伯”。

智氏、赵氏、韩氏、魏氏是晋国的四大家族，其中以智氏势力范围最大。智伯主持国政，处事非常霸道，曾在一次酒宴上，轻侮韩氏家族的韩康子。

不久，智伯以筹措军费的名义，要韩氏家族献出一座城邑。韩家一看，惹不起，咱也不能当那个出头鸟，于是不情不愿地献出了地盘。

尝到甜头的智伯发现，不动一兵一卒，靠一个通知，就能拿到这么大的利益。于是，他又找魏家要一块地盘。魏家一看，韩家都给了，咱也不能去触智伯的霉头，胳膊毕竟拧不过大腿啊！

智伯更满意了，变本加厉，又给赵家发通知，要一块地盘。

赵家新任家主赵襄子却不拿智伯当回事，拒绝了这个无理要求。

于是，智伯“邀请”韩、魏两家，组织军队，一起去围攻赵家。而赵襄子只能带领家族的核心力量，龟缩在晋阳这座城池里。

智伯带着魏桓子、韩康子一起视察前线，说：“我今天才知道，水是可以灭亡一个国家的。”意思是，打算用水淹没晋阳。

智伯回去后，谋士说：“韩、魏必反。”谋士表示，这是他观察到的，如今韩、魏跟我们一起攻打赵家，很清楚赵家灭亡后，就会轮到他们。今天在前线，这二位没有一点儿开心的样子，这肯定是要反水，错不了。

第二天，智伯把谋士的判断说给了魏桓子、韩康子。这两位辩解说，这个人就是赵家派来挑拨离间的，想让您怀疑我们，让我们的联盟分崩离析，您想想，我们为什么有赵家的田不要，去背叛您呢？

赵家这边，已经到了危急关头，眼看守不住了，于是派出使者出城，来到了韩、魏的大营。

使者对魏桓子、韩康子说：“有句话说得特别好，叫作‘唇亡齿寒’，眼看我们赵家离灭亡不远了，我想接下来就轮到你们韩、魏两家了。”

韩、魏两家的家主自然也知道，迟早要面对智伯这个强敌，但是，还是反驳使者说：“你说得虽然有道理，我们也知道这一点，就怕还没有动手，就走漏消息，大祸就会马上临头了。”

使者赶紧安抚韩、魏两家家主说：“咱们之间的谋划，只有咱们三个人知道，别人又怎么会知道呢？”

在这个关键时刻，韩康子、魏桓子两位家主也做出了一个重要决定，联合赵家，一起除掉智伯和智氏家族。于是，约好反攻日期，韩、魏两家再把使者偷偷送回城。

到了约定日期，赵襄子派出精锐部队突袭智家军把守的大堤，决堤放水，大水倒灌智伯的军队，顿时乱作一团。而赵家趁势攻了出来，韩、魏两家见到智家军队大乱，趁势从两侧攻击。

最终，智伯兵败被杀，韩、赵、魏将智氏家族斩草除根之后，又瓜分了智氏家族的地盘。

可以说，智伯死于傲慢与无德。

智伯的傲慢在于，联合韩、魏两家，攻击赵家，谋士提醒韩、魏有二心，他不仅不在乎，反而把这个质疑说了出来。

在自己强大的实力加持下，他丝毫不担心韩、魏真的反叛，而是用一种近乎戏弄的方式告诉对方：“谋士说你们会反，你们反吗？”这种问话方式，如同大人对恶作剧的小孩。

然而，当他把韩、魏两家会反的质疑说出来，韩、魏就像是提前暴露了底牌，真的不得不反了。双方都“明牌”了，我知道灭了赵家后，就会灭韩、魏，你也知道你确实会这么干。那还等什么？

智伯贪得无厌，四处强要别人的土地，就是无德。无德之人，不仅得不到帮助，还会招来更多人的反抗。所谓有德，就是在你有能力或权力的时候，还能与人为善，不会把人往死里欺负，给大家都留条后路，就是在给自己留后路。

乐毅自保：君子交绝，不出恶声

门道

与人交往，难免有结束关系的时候。君子交绝，不出恶声，不只是品性的厚道，更是做人的智慧。

战国名将乐毅，曾统帅燕国等五国联军攻打齐国，连下七十余城，创造了中国古代战争史上以弱胜强的著名战例。

然而，就在乐毅率领大军连连胜利，齐国只剩莒、即墨两座城池支撑时，重用乐毅的燕昭王病逝了。很快，燕国新的国君燕惠王继位，当他还是太子的时候，就对乐毅不太满意。

齐国即墨军队的统帅田单，听说这个消息之后，在燕国四处传播谣言：齐王已经死了，齐国只剩下两座孤城，乐毅就是迟迟不拿下来，原因就是乐毅跟燕国新王，两个人早有龃龉，他怕回到燕国受到燕王的处分，所以一直不敢回国，一直找借口进攻这两座孤城，实际上仍然是想当齐王。只是齐国人还没有完全臣服，所以，乐毅不得不减缓对即墨的攻击。而即墨最恐惧的就是，万一燕军真的发动进攻，恐怕城池定会陷落。

田单这个谣言的潜在意思就是：因为燕昭王活着，所以乐毅才没有叛乱，但是新王燕惠王对乐毅可没有什么恩惠，两个人之间关系也不好，乐毅估计很快就要叛变了。

这个消息，自然很快传到燕惠王的耳朵里，毕竟本来目的就是说给他的。燕惠王原本就不信任乐毅，跟乐毅的关系不好，听到这则消息，为了防止乐毅这边出意外，只好采取行动，派大将骑劫前往齐国，接替乐毅的位置，让乐毅回国述职。

乐毅自然不敢轻易回燕国，他知道这种动作绝对是来者不善。思考一番后，乐毅直接投奔赵国。

乐毅来到赵国之后，受到了赵王赵何的热情接待，给了乐毅很高的尊敬和荣耀，把乐毅分到了观津，也就是如今河北衡水武邑一带。所以说，是人才到哪儿都会受到尊重。

而这时候，燕惠王听说乐毅去了赵国之后，大为惊慌。

燕惠王赶忙派人去接触乐毅，一方面给乐毅道歉，一方面责备乐毅:“您怎么听了小人挑拨离间的话，就离开燕国前往赵国，一去不回了呢？您为自己打算，这是应该的，也是好事，毕竟人往高处走，咱也不拦着你。但是，先王（燕昭王）待您如手足，您对得起先王吗？”

这就是典型的倒打一耙。

可见这个燕惠王的胸怀、气魄，是远远没法跟他老爹燕昭王比的，他自己先做错事了，还责备别人不守规矩，不讲武德。

乐毅也很干脆，回了一封很长的信，大致内容如下:

从前的吴王阖闾信任伍子胥，吴国的势力一度鼎盛，但是继任的吴王夫差，却把伍子胥杀害了，将尸体装到了麻袋里，扔到江中。

这是因为吴王夫差不明白，伍子胥对先王的建议才是建功立业的根本，所以，夫差对伍子胥这样的功臣下毒手，他却一点儿也不知道悔改。

而伍子胥之所以有这样的下场，是因为他不能看出不同的领导，有不同的胸怀，所以最终身死，尸体被扔到长江之中，冤魂不散。

我觉得，我躲开死亡，还能彰显先王的伟大功业，彰显先王的贤明与美名，这才是我所希望的事，这对我来说才是上上之策。

但是，如果我自身都保不下来，还会给先王的脸上抹黑，这是我最不愿意看到的事。当然了，我更不会去冒着大罪，跟敌人勾结，我绝不允许自己出现道义上的问题。

我听说，古代的君子绝交，也不会出言伤人；而忠义的人，离开自己的祖国，也不会为自己辩护而让祖国受到伤害。我乐毅虽然学识不足，但是我愿意做一个君子。请君王一定要了解这一点。

乐毅的一番话，让燕惠王放心了，知道乐毅不会跟自己过不去了。所以，燕惠王让乐毅的儿子继承了昌国君的爵位，而乐毅也跟燕惠王重建友谊，经常去燕国拜访。最后乐毅死在了赵国，可以说得以善终。

俗话说，君子不立危墙之下。乐毅在察觉情况对自己不利时，懂得立即抽身离开，远离旋涡，保全了自己。而在离开之后，乐毅通过一封诚意满满的信，打消了燕王的疑虑，他不说原君主的一句坏话，还表示更不会做出损害“前单位”利益的事。既然做不了朋友，但是也没必要做敌人，这是乐毅的高情商之处。

乐毅说："古之君子，交绝不出恶声；忠臣去国，不洁其名。"在现实生活里，跟领导交恶，自己离职了，不要说前领导的坏话；跟同事不对付，说话做事不投机，那就离远一点儿，没有必要针对对方，更不要私底下评价对方。说话可以留三分，甚至能不说就不说，保全对方体面，也是保全自己体面。

田单伐狄：成于奋搏，败于安逸

门道

当一个人穷困潦倒、退无可退时，往往会爆发出巨大的能量。可是，当他的条件逐渐改善，生活越来越富足，往往会出现冲劲不足的情况。

战国时期，乐毅率领多国军队，一起攻打齐国。一个叫田单的人，本来是管理市场的小官，站出来领导齐国人反抗，以火牛阵大破燕军，帮齐国复国。

田单受到了齐襄王的封赏，又给封地又给食邑，从管理市场的一个小官，摇身一变，成了齐国的贵族阶层。

这一年，田单带领齐国军队，去搞定狄族的叛乱。

出发前，田单特意拜访了名士鲁仲连。

田单对名士鲁仲连说："您有什么建议给我吗？"

鲁仲连作为一个名士，也有名士身上的习惯，开口先给出一个炸裂的观点："相国此去，打不垮他们！"

没等鲁仲连继续说，田单不高兴了，很是不服气："这不是长他人志气，灭自己威风吗？您不想想，我用即墨的残兵败将，就能轻松击败 10000 辆战车的燕国军队，收复咱们齐国的领土。一个小小的狄族部落，能扛得住我带领的齐国大军吗？”

说完，田单也不向鲁仲连请教了，驾起车就扬尘而去。当一个人身处高位时，大部分人都会愿意说你爱听的话，在这种时候，有人说你不爱听的话，一定要懂得再多听几句。

果然，田单带着齐国大军，打了 3 个月，居然拿这个狄族部落毫无办法。

这让田单有点骑虎难下，而齐国的小孩们，在街头还唱起了歌，嘲笑田单：“大帽子像簸箕，长宝剑撑着脸面，攻打小小狄族不能下，枯骨堆积如山。”

田单听到歌谣之后，心里非常恐慌，想到出兵前鲁仲连说过的话，赶忙再次去拜访鲁仲连，向鲁仲连请教解围之策。

田单这次终于服气了，姿态很低，向鲁仲连请教：“您当初说我打不垮狄族部落，请问您当时为什么这么说呢？有什么原因吗？”

鲁仲连是这么说的：

“你想想在即墨的时候，你坐在地上编草筐，拿着铁锹跟士兵们一起挖坑，跟士兵们一起唱歌：‘我们无路可退，国家就要灭亡了，只有拼命，才能杀出生机。’

“在那个时候，你有必死之心，而士兵呢，也没有苟且偷生的想法，大家都愿意听从你的号召，大家一起流血流汗，能够团结一心，所以大破燕军。

“但是，现在你看看自己，在东边有上万户的食邑，在临淄当相国，有数不清的荣华富贵，腰缠金带，身骑骏马，可以说，你现在是一个富贵之人，早就没有了当初在即墨那种死战的决心，又怎么可能再立战功呢。”

《资治通鉴》中描述这段的原话是：“有生之乐，无死之心，所以不胜也。”

田单听了之后，顿时恍然大悟，对鲁仲连说：“我有这样的决心，感谢先生指导我，帮我下定决心。”

第二天，田单亲临城下，站在战场一线指挥军队攻击狄人，他在狄人的箭都能射到的地方，亲自敲击战鼓，激励齐国士兵勇猛作战，最终将狄族部落，一战而下。

田单带着齐国大军，为什么拿不下一个小小的狄族部落，还损兵折将呢？鲁仲连看得透彻，说得一针见血，因为田单没有当初固守即墨时，那种一心赴死的决绝和勇气。

这个时候的田单已经成为贵族，躲在后方指挥作战，底下的士兵不能尽力，所以他迟迟拿不到结果。

鲁仲连的提醒，可以说是当头棒喝，一下子打醒了田单，这才拿下了敌方部落。

在一个团队里，任何人都能“躺平”，管理者绝不可以“躺平”。能带头冲锋，就不要躲在后面。当管理者以身作则，你的事就变成团队集体的事，更容易凝聚人心，做出好的结果。

还有，如果不想停滞不前，一定要持续树立目标。曾国藩曾经说，天下大事，一半是因为有所贪，一半是有所逼。当完成一个目标，就要向下一个更远大的目标奋斗，不断保持“饥饿感”，才能持续进步。

齐湣王出逃：人在低处要低头

人生如爬山，有上坡，就会有下坡。谁都有在低处的时候，用什么心态去面对，能折射出不一样的人生。有的人身处低处，仍不肯低下骄傲的头，保持着过去的行事作风，往往会自讨苦吃。

齐国国君齐湣王与乐毅率领多国联军打仗，结果齐军大败，齐湣王不得不逃跑。

齐湣王先是跑到了卫国，当时的卫国国君卫嗣君把自己的王宫让出来，让齐湣王安心住着，然后供应齐湣王的一切生活用度。

然而，齐湣王却挑三拣四，口出恶言："你拿这些破烂玩意儿来招待我，你们卫国怎么这么穷呢？"

卫嗣君战战兢兢，不敢得罪齐湣王。但是，卫国虽小，也不能受这种欺辱啊，更何况齐湣王是来人家这里避难的。

有卫国的大臣忍不下去了，嘲讽齐湣王："你一个亡国之君，你的国家都被敌人占领了，却在我们卫国作威作福，你有什么好威风的，你还真当自己是齐王吗？自己都快成亡国之君了。"

齐湣王自然无法忍受卫国大臣的群嘲，勃然大怒，面子上实在是挂不住啊。

最后，齐湣王一怒之下离开了卫国，临走时也放了几句狠话：“你们给我等着，回头收拾你们。”

齐湣王并没有接受教训，到了鲁国边境的时候，鲁国国君亲自来迎接他，他反而要求鲁国国君以天子的礼节来侍奉他。鲁国国君早晚要到厨房查看他的饮食，站在台阶下侍奉他进餐。等他吃完之后，鲁国国君才能离开去办自己的事。最后，鲁国也受不了他了，把他赶走了。

等到邹国的时候，邹国的老国君刚刚离世，而齐湣王却想以天子的身份来吊唁。

邹国新任的国君，要背向棺木，站在西面台阶上向北哀哭。而齐湣王坐在北边的祭坛那边，接受新任国君的哭泣，一边举手表示慰问。

最后，邹国也受不了了，客气一下，还真把自己当周天子了？最后齐湣王也被邹国人赶走了。

齐湣王这家伙，惶惶如丧家之犬，国家都被占领了，自己生死未卜，还四处端架子、耍派头，最后来到了莒城，莒城是齐国自己的地盘。

他任命一个叫淖齿的人，当自己的相国。但是，他以为淖齿是楚国派来的大将，是来救援他的。齐湣王就像抓到了一根救命稻草，任命淖齿处理很多重要事情。淖齿却跟燕国秘密结盟，想瓜分齐国。

最后，淖齿把齐湣王给抓了起来。淖齿抓他的时候，还训斥说：“千乘、博昌之间，数百里地，天降血雨，衣服都被染红了，你知道吗？”

齐湣王说：“知道。”

淖齿又问：“嬴、博之间，土地崩裂下陷，看到了泉水，你知道吗？”

齐湣王说：“知道。”

淖齿又问：“有人趴在宫门口大哭，找人的时候找不到人，不找的时候又听到哭声，你知不知道？”

齐湣王说：“知道。”

淖齿对齐湣王说：“天降血雨，是天在警告你；地崩下陷，是地在警告你；有人在宫门口大哭，是人在警告你。天、地、人都在警告你，而你却满不在乎，你这样的君主，又怎么能不杀呢？”

结果，齐湣王就被淖齿杀掉了，而且是处以酷刑。

齐湣王贪功冒进，四处树敌，结果招来多国联军的报复。在他成为亡国之君后，流亡各国，还要摆架子，这就是看不清自己。惹得人人嫌恶，哪里都待不下去，最后惨死在楚国大将淖齿手里。

在他临死之际，跟淖齿的对话中，可以看出，他还不知悔改。最终，他自吞苦果也是情理之中。

常言道，人在屋檐下，不得不低头。当你心态打开，看清自己的位置，往日的荣誉、身份都没那么重要时，哪有什么“不得不低头”，反而会主动低头，谨小慎微地做事，这才是修心的智慧。

陈胜之死：
吃亏要趁早，越顺利越小心

门道

有时候，人生或事业太顺利不一定是好事。顺风顺水容易使人骄傲，逆风、低谷中往往能锻炼出异于常人的品质。

秦末，陈胜、吴广的起义队伍，得到天下老百姓的积极响应，纷纷“斩木为兵，揭竿为旗”，加入反秦浪潮。起义军连战连捷，在控制了安徽、河南交界的大片地区后，旋风般地进攻战略要地陈县。

陈胜打下陈县后，召集当地有名望的人，决定称王立国，以陈县为都城，国号为“张楚”。此时，各地纷纷起事，刘邦、项梁、项羽、英布、彭越等人，逐渐跃上乱世的舞台。

陈胜这边则踌躇满志，派出去的几路兵马，攻城拔寨不断，似乎天下大势已定，终结乱世只是时间问题。他甚至没有增设防备，防止秦军反扑。

这时候，有一个博士叫孔鲋，是孔子的八世孙，找到了陈胜。

孔鲋说：“兵法中说，不能侥幸指望敌人不来攻击我，而要让自己有不被攻击的实力。大王的做法却恰恰相反。大王如此肯定敌人不来进攻，不防备敌人，一旦遭遇兵败，恐怕到时候就来不及了。”

陈胜听了却不以为意，很自信地说："先生，军队上的事，您就别操心了。"言外之意，您一个文化人，好好做您的知识分子就可以了，军队上的事您不懂。

陈胜的队伍中，有一支被派去攻打秦国，领兵的人叫周文。他边打秦军边征兵，等他带领的大军来到函谷关的时候，已经有上千辆战车，兵卒有数十万，可以说是非常大的一股势力。

等到周文的军队抵达戏水的时候，战火逐渐逼近咸阳了。

这时候，秦二世胡亥知道消息，早被吓坏了，赶忙召集紧急会议，问大臣们该怎么处理。

大将军章邯站出来说："臣有一计，现在叛军已经到了咸阳城外不远，他们人数众多、军力强大，如果咱们征调附近的驻军，恐怕已经来不及了。不过，在咸阳城外的骊山工地，有无数做苦工的囚犯，请陛下下令赦免他们，交给他们武器，臣愿意带着他们前往迎击叛军。"

胡亥听了，顿时大喜，觉得章邯的计策不错，于是下令赦免这些在骊山干活的囚犯。由章邯带领这帮骊山的刑徒以及家奴、奴生子等，组成了杂牌军，迎战周文带领的张楚大军。

结果，张楚的几十万大军被章邯击败，周文拔剑自刎。

与此同时，起义军内部矛盾频生，吴广与另一位将领田臧不和，竟被对方杀害。章邯带兵继续东进，将这路起义军也消灭了。

陈胜因为起义太过顺利，思想上也发生了变化。早年间，跟他一起种地的同乡，听说他做了王，千里迢迢赶过来，敲了很久的门也见不到陈胜。直到陈胜外出，同乡拦路呼喊其小名，才被陈胜接纳。再后来，因为同乡说了几件陈胜在老家的旧事，陈胜就把同乡杀了。

要知道，陈胜可是说过“苟富贵，勿相忘”的人。很多人察觉到陈胜的改变，都从他身边离开了。

公元前 209 年，章邯反攻陈县。陈胜亲率农民军将士与秦军展开激战，最终大败，只好不断退守。在节节败退之下，陈胜变得格外暴躁，无力回天的他，将怒气发泄在马夫身上。最终，马夫忍无可忍，带着陈胜脱离大部队后，一剑将陈胜刺死。

长时间的平稳上升，很可能导致过度自信，会让人觉得做一切都很容易，一定能成功。于是，去尝试更多高风险的事，最终导致自己迷失。

顺风时要懂得居安思危。在你顺的时候，一定要考虑到你不顺的时候，可能会遭遇什么危机。千万不要让自己没有退路，或者是手忙脚乱，到时候你病急乱投医，恐怕没有人会雪中送炭，只会给你雪上加霜、落井下石。

白起自刎：
不怨不恨，心宽自在

人生难免有遭遇不公的时候，不怨不恨，才能冷静思考。我们掌控不了别人，但能掌控自己。一定要相信，苦和难终会过去，善与恶自有天定，心越宽，路就越宽。

公元前 259 年，秦国与赵国的长平之战刚结束，秦国名将白起兵分三路，分别出击进攻赵国，自己则亲自率领一支军队，打算直扑邯郸，拿下赵国。

这时候，韩、魏两国赶忙派出使者苏代出使秦国，给应侯范雎送上贵重的礼物，希望他劝秦昭襄王同意求和，让赵国割地赔款算了。

范雎向秦昭襄王提建议说："秦国的士兵倾国出战，在外边很长时间，已经疲惫不堪了，如果使用过度，万一出点儿问题，恐怕前功尽弃。不如见好就收，让赵国割地讲和，等将士休息一段时间之后，再行出击。先拿到一部分利益，消化之后再说。"

秦昭襄王听了，觉得范雎的看法很有道理。于是，秦国同意赵国求和，割让 6 座城市，缔结合约，一场大战结束。

作为主攻的秦将白起，眼看着即将到手的灭国之功，像烤熟的鸭子一样飞了。或许就在此时，白起在心里埋下了怨恨的种子。

公元前259年9月，秦军派王陵率军再次攻打赵国。而白起称病，没有率军前往。这种情况，一直延续到第二年，秦军攻打赵国屡屡失利，秦昭襄王派了越来越多的军队增援大将王陵，不仅寸功未立，而且还损兵折将。

秦昭襄王终于回过神来了，打仗的事还得靠白起。于是，他找白起商量，由白起来统军攻打赵国。

白起对秦昭襄王说："邯郸不是那么容易拿下的，而且现在各国的援兵，随时都能够集结起来。而天下诸侯对咱们秦国都心存怨恨，我虽然在长平打了一场胜仗，但是秦国的将士死伤过半，国库也非常空虚。现在，隔着这么老远的距离，去攻打赵国的都城邯郸，可以说是在赵国境内作战，各国的援兵一旦包围秦军，咱们的军队恐怕就陷入险境。到时候，能不能活着回来都不好说，恐怕秦军会遭受失败。"

秦昭襄王可不信白起的话，长平一战已经灭掉了赵军 45 万主力，赵军还拿什么来抵抗秦军？白起这家伙，还给我摆谱了，就是心里有气，故意推辞。

秦昭襄王发现自己命令不动白起，又让范雎去劝一劝他。但是，范雎去了之后，白起的气更大了，直接推说：旧病复发，去不了。

秦昭襄王无可奈何，只能改派王龁，也是长平之战的副将，来接替王陵继续攻打赵国，希望局面可以有所改观。

王龁带领秦军围攻邯郸一年多，还是没有攻破。同时，楚国的春申君黄歇带领楚国军队，魏国的信陵君魏无忌带领魏国军队，各路人马陆续到达邯郸。秦军情急之下，几次发动大规模进攻，全都以失败告终。

前线的战报很快传到了秦国咸阳。白起听到消息之后，忍不住说:“看看，秦王不听我的意见，现在该怎么收场呢？”

这是把秦昭襄王的脸面扔在地上，又狠狠地踩两脚。白起的话，自然会让秦昭襄王觉得很没有面子，他恼羞成怒，下令白起：必须出任秦军统帅，去邯郸战场。

白起知道秦军大势已去，注定是无功而返的，哪怕自己去了也是白搭。所以，白起再次宣称:“我病了，去不了！”死活不肯接受秦昭襄王的命令。

公元前 257 年 10 月，秦昭襄王忍无可忍。白起不听调遣，还老唱反调，甚至还背地里说风凉话，他下令免除白起的所有爵位和职务，把他贬为士兵，放逐到地方部队。

其实，在这个时候，对白起来说，赶紧向秦昭襄王承认自己的错误，低个头，服个软，一切还来得及。

但是，白起并没有这样做。

同年 12 月，也就是两个多月之后，秦国再次调动兵力增援前方战场。而白起因为生病了，不能跟随部队。

这时候，秦国在邯郸战场已经打了败仗。各国援军抵达邯郸，王龁屡战屡败，屡败屡战，多次向咸阳求救，路上求援的使者一个接一个。

秦昭襄王更加着急上火了，给白起下令马上出发，不准在咸阳待着了。

白起没有办法，只能带病离开咸阳。估计走的时候，嘴里也是不干净，骂骂咧咧的，没准儿还要讽刺秦王和范雎几句。

白起离开咸阳没多远，才走出 10 里，刚到杜邮，秦昭襄王的使者就追上来了。原来，秦昭襄王跟范雎等高层商量:“白起对朝廷给他的处罚表示不满，而且还老发牢骚。”最后，大家达成了一致意见，既然不能为国效力，就不要留着他了，留着怕也是隐患。

秦昭襄王派出使者，给白起送去一把宝剑。

白起接到剑之后，知道了秦昭襄王的意思，举剑自杀，而秦国百姓同情白起的遭遇，为白起设坛祭祀。

白起作为一代“战神”，结局并不是战死沙场，也不是建功立业，而是因为屡次抗命和嘴上抱怨，被秦王赐死，多半原因是他自找的。

怨气冲天，并不能够解决问题，反而会影响自己的思考。你生出的脾气、怨念，最终都会以另一种形式回到你身上。一个人，心不怨，则怒不生，怒不生，则平稳行事，保持内心的豁达与定力。人生不如意是常态，接受不如意才是好心态。

第二章 立身

先做人，后做事，天下皆可成之事

信陵君魏无忌：名誉是金，好名声就是影响力

门道

好名声，往往不是通过一件大事打造的，而是通过生活中许多的小事不断累积的。持之以恒地打造好名声，才会有越来越多的人信服你。

公元前255年，秦昭襄王让将领王陵率军进攻赵国的邯郸城。危急关头，赵惠文王想起自己弟弟平原君的夫人，正是魏国信陵君魏无忌的姐姐，于是写信送到魏国，请求救援。魏国犹豫之际，魏无忌率领手下动用军队，成功救下赵国。

然而，因为假借魏王旨意，擅动军队，魏无忌不敢回到魏国，一直留在赵国。

到了公元前247年，秦国蒙骜率军进攻魏国，占领了高都和汲两个战略要地。魏国也不敢舍弃这两个地方，毕竟，已经距离大梁很近了，但是魏国的军队却屡战屡败。魏王着急了，整天睡不好觉。

这时候，魏王想起来，信陵君魏无忌曾经带领魏军，联合赵军打败过秦国。所以，魏王派出使者到赵国，请求信陵君魏无忌回到魏国，祖国有难，回国支援。

信陵君魏无忌听使者说了魏国的形势之后，让使者回去等消息，自己要考虑考虑。

一般来说，没有当面答应基本都是拒绝。为什么呢？因为他不敢回去。为什么不敢回去呢？当初偷兵符、杀大将晋鄙夺兵权，带领魏国军队救援赵国，严格意义上来说，这属于叛国行为，他怕回去之后被魏王追究之前的过错，所以他不肯返回。

但是，魏无忌不想回去，恐怕也不行。魏无忌的门客们，自然也不会都是无家无口的单身汉，有的家人在魏国，有的亲朋好友在魏国，对他们来说，魏国毕竟是他们的根，所以，门客们肯定都想回魏国去。

魏国的使者等了几天发现不对劲，只能不断求见魏无忌，门客们就不断来替使者通报。

魏无忌自然也注意到这一情况，他打心底里不肯回魏国，所以告诫门客们："谁再敢给魏国使者通报消息，处死。"

于是，门客们被吓住了，不敢替魏王的使者规劝魏无忌了。

这一天，赵国的隐士毛公、薛公二人来见魏无忌。毛公、薛公是赵国的名士，信陵君跟他们交情不错。

两个人劝魏无忌："公子，您之所以能够受到其他诸侯的尊重，那是因为有强大的魏国作为您的靠山和背景，但是，现在魏国的形势已经非常危急，您如果置之不理，一旦魏国被秦国灭掉，先王的宗庙被秦人铲为平地，公子您又有什么面目在世人面前立足呢？"

这两个人的话还没有说完，魏无忌顿时脸色大变，叫人赶快集合，赶回魏国。

到达魏国后，魏王和魏无忌 10 年未见，重逢时不禁相对落泪，随即任命魏无忌为大将军。

魏无忌派出使者，向其他诸侯求援。其他诸侯听说魏无忌担任了魏国的大将并向自己求援，纷纷派出援兵救援魏国。

就这样，魏无忌统帅多国联军，在河外地区打败秦军，蒙骜带着残部逃走，魏无忌一路追击秦军到函谷关，将秦军压制在关内之后，这才领兵返回。

赵国有难，魏无忌能违抗王命带兵前往救援。魏国有难，魏无忌又冒着危险返回魏国，组织联军抗秦。大义上，魏无忌能在国家危亡之际挺身而出；社交上，魏无忌礼贤下士，因此很多有贤能的人愿意帮他。

魏无忌的一生给我们的启示是：好名声就是影响力。一个人的个人魅力、名声与信誉，就是一个人的影响力。在别人那里有信誉，求人办事就更容易，如果一个人言而无信，许诺的好处从来没有兑现，想调动别人，那真的很难。

人脉不是你想让谁帮忙谁就帮你，而是当你需要帮忙的时候，别人会来主动帮忙。用长年累月积攒的好名声去整合资源，就是影响力的体现。

魏惠王比宝：光而不耀，静水流深

常言道："慧者多敛藏，愚者常炫耀。"很多人有爱炫耀的毛病，当你在炫耀的时候，也正是你弱点显露的时刻。伪装出来的体面，非但不能为自己增光加彩，反而会显得你无知愚昧。

公元前 355 年，魏惠王和齐威王两个人在一块儿打猎，玩累了，坐下来喝酒。

魏惠王问齐威王："你们齐国有什么宝贝，说出来让我见识见识，开开眼界？"

在这种高端会谈的场合，魏惠王居然谈这么不高端的话题，简直有失身份。

齐威王不知道魏惠王什么意思，也不敢随便说什么，万一是对方挖的坑呢，可不敢随便发表自己的观点。这个时候，齐威王自然一副深藏不露的样子，摇摇头说："我们齐国没有什么宝贝。"

交浅言深，这是人和人交往的大忌，谁能跟魏惠王这样的人大谈自己家的宝贝？都没怎么交往过，聊这么私密的话题，这不是脑子不够用吗？

魏惠王一听，心里难免有点得意，说："啥也没有，我才不信。就我们魏国这不大的地方，也有好多宝贝，比如我们有一颗夜明珠可以照亮 12 辆兵车那么大的面积。"

齐威王听到魏惠王说这话，对魏惠王的印象非常差，对他的评价也低了很多。于是，齐威王决定羞辱一下魏惠王。

齐威王说："哦，你说的这些东西，齐国确实没有。不过，我们齐国有其他的宝贝。"

看到魏惠王一副洗耳恭听的样子，齐威王很淡然地说："我跟你对宝贝的看法不太一样，你听听我的宝贝有什么？我国有一位叫檀子的大臣，让他来镇守南城，楚国都不敢来侵犯我国，泗水一带的 12 个诸侯国都到临淄来朝贺；我国还有一位叫盼子的大臣，由他来镇守高唐，赵国人都吓得不敢到黄河边上打鱼；我国还有一位叫黔夫的大臣，让他来镇守徐州，燕国人在北门、赵国人在西门祭祀祖先，祈祷不被攻打，有主动来投靠我国的百姓有 7000 多户；我的大臣中，还有一位叫种首的，让他来负责治安，我国发展成路不拾遗、夜不闭户的太平景象……我觉得，这 4 位大臣，可以说是光照千里国土了，那可比 12 辆兵车的地方大得多！"

魏惠王听了，觉得很不好意思，尴尬到了极点。

很显然，魏惠王在两个诸侯的高端饭局上，聊一些很低端的话题，像个暴发户，炫耀他所谓的宝贝，这是一种非常掉价、非常没面子的事。既无知又愚昧，又显得庸俗，魏文侯如果知道自己的孙子居然这么丢人，估计气得棺材板都压不住了。

相反，齐威王的答案，让我们耳目一新。在彼此争霸的春秋战国时代，对于一个国家来说，最重要的就是人才，懂得识人用人，才是争霸之道。

与人交往，真正能让人尊重你的，并不是你身上穿的、平时用的奢侈品。别人之所以会高看你一眼，是因为你的认知、能力、人品，以及做事的格局。一个人四处炫耀钱财之类的身外之物，只会令人贻笑大方。

鲁仲连义救聊城：做之不止，乃成君子

门道

坚持做好事，能成为君子；坚持做对的事，一定有所收获。无论是做好事，还是做事业，需要的正是持之以恒的自律。

公元前 250 年，燕国有一位将领进攻齐国的聊城，很快就把聊城打了下来。

在这位将领建功立业的时候，在燕国朝堂这边，有人跟燕王说他的坏话，吓得他都不敢回去自证清白。这位燕国的将领，没有太好的应对之策，只能死守聊城。

但是，齐国自然也不想吃亏，由相国田单亲自带领军队来攻打聊城。结果，打了一年多，始终没有打下来。

正在田单着急上火的时候，救星出现了，正是齐国的名士鲁仲连。

鲁仲连安慰田单说："丞相不用担忧，我来写一封信，你安排人射到城中，不出几日，这个燕国将军一定会投降。"

田单有点儿不相信鲁仲连，可是又没什么更好的对策，只能听鲁仲连的。

鲁仲连的信是这样说的:“我为您盘算了一下，您有两条出路，要么回到燕国，要么归降齐国。但是，您现在却坚守孤城，齐国的援军越来越多，燕国的救兵却迟迟不到。您打算怎么办呢？”

燕国的将领看到鲁仲连的信之后，犹豫了几天，最后还是没有下定决心。他想回到燕国，但是跟燕王已经有了嫌隙，回去恐怕也没有好结果；想投降齐国，守城这一年多，他也杀了不少齐国的士兵，自己投降之后受到侮辱不说，没准儿连小命也保不住。最后他长叹一声:“与其让别人杀我，不如自我了断！”

于是，燕国的将领刎颈自尽，燕军群龙无首，很快乱了起来，田单轻松夺回聊城。

田单到临淄之后，把鲁仲连的功劳汇报给齐王。齐王很认可鲁仲连的贡献，准备给鲁仲连封爵。

然而，鲁仲连却头也不回地逃到了海上，还留下一句话:“我与其为了富贵而屈从于人，不如忍受贫贱而随心所欲。”

后来，魏王曾向孔子的六世孙孔斌请教，谁才是天下真正的名士。

孔斌说:“世界上根本没有所谓的名士，如果标准稍微降低一点的话，那么这个人一定是鲁仲连！”

魏王听了，摇摇头说:“鲁仲连是强求自己这样做的，并不是他真实的心意。”他觉得鲁仲连的君子形象是装出来的。

孔斌是这样说的:“人都要强求自己去做一些事情。只要这样不停地做下去，就能够成为君子；始终不变地这样做，那他的习惯和本性就会融合起来，也就成为自然而然的心态和行为了。”

《资治通鉴》里记载的原文为："人皆作之。作之不止，乃成君子；作之不变，习与体成，则自然也！"意思是说，人都会做一些事（好事），不停地做下去，便会成为君子；始终不变地这样做，习惯与本性渐渐相融合，也就成为自然的了。

鲁仲连可以说是一个有大智慧的人，面对荣誉、钱财、爵位，他退避三舍，明哲保身。可以做好事，可以为国出力，但是绝对不眷恋任何权位和财富。

他的可贵之处在于，将这份追求坚持了一生，这才是真名士风范。帮助赵国，说服魏国的将军新垣衍不要劝赵王投降秦国，赵国的平原君酬谢鲁仲连，又是封官赐爵，又是千金贺寿，但是鲁仲连转身离去，终生不再见；帮助田单解决燕国将领，收复聊城，鲁仲连同样不求任何回报，转身离去。

用心不一的人，最开始总是信心满满，后面就失去动力，如同射出的弓箭，飞到最后偏离靶心。当你认准了一件事，就不要轻易改变，持续努力。把做好事、好习惯保持下去，就会有好结果。

韩非之死：
不露声色，不生新怨

嫉妒是人性中的一大弱点，当别人有所成就时，我们应心怀平静地看待他们的成功。相反，当你开始崭露头角，要始终保持警惕，照顾好身边人的情绪，以免引起旁人嫉妒。

公元前262年，秦将白起率兵攻韩，一下攻取50城，整个韩国都陷入恐慌。韩国的公子韩非，开始不断上书，请求变法图强。

韩非希望韩王任贤用能。他痛恨国家任用那些夸大自己功绩的人，任由那些真正的人才袖手旁观。韩非写出了《五蠹》《孤愤》《内储》《外储》《说林》《说难》等文章，一共有56篇，有十余万字。

然而，他的上书没有得到韩国任何人的重视，却逐渐流传到秦国。秦王嬴政看到这些文章，非常欣赏他的才华。于是，秦军对韩国加大力度猛攻，韩王一边割地，一边请求做秦国的附庸，还派韩非前往秦国，让他图谋秦国不要吞并韩国。

韩非来到秦国，立刻上书秦王：

“秦国现在拥有领土千里，有士兵百万，纪律严明，守法公平，天下诸侯无人可及。我冒死给秦王提请求，请秦王接见我。我有一个破坏合纵同盟的方案。如果大王用我的方案，可以一举让赵国投降，韩国灭亡，楚魏屈服，齐燕归顺，建立霸王之名，东方诸侯都来朝见您。如果我做不到这一点，就请大王将我诛杀，作为对大王不够忠心的惩罚。”

嬴政看了韩非的上书，顿时心动了。韩非的这一番话，目的只有一个，让秦国先去攻打赵国，暂时放过韩国，给韩国休养生息的机会。

而同在大殿之中，李斯的嫉妒之心怦怦直跳。他和韩非曾在齐国的稷下学宫，师从荀子，可以称得上是师兄弟。如今，看到韩非如此被秦王赏识，怕不是来抢饭碗吧?

李斯对秦王说:“韩非是韩国的公子，大王的战略目的是吞并天下。但是，韩非不可能忘记他的故国，全心全意效忠于秦国。这是人之常情。如果咱们把他送回去，让他回韩国也不是好的办法。以他的才能，万一韩王重用他，恐怕会成为您一统天下的阻碍。不如用秦国的律法把他除掉。”

于是，韩非的计划就被搁浅了。又过了一段时间，韩非跟一个叫姚贾的秦国大臣产生了恩怨。

姚贾曾经策划一次行动，带着大量车队和财物前去游说东方诸侯的人才，利用贿赂加恐吓的手段，瓦解东方诸侯的联合行动。

而姚贾回到秦国之后，因为工作成绩还不错，升职为上卿，封千户。

但是，这时候韩非攻击姚贾，说他出身低贱，在魏国曾经当过小偷，在赵国被驱逐出境，这个人品行不佳，大王您不应该重用他。另一方面，攻击姚贾的经济问题，说他游说东方诸侯，携带大量的金银，目的是为了中饱私囊。

而嬴政听了，不免有些生气，于是把姚贾找过来对质，而姚贾自然也不甘示弱，对韩非提出的观点逐一批驳。

大概意思就是：携带大量的金银去搞定其他诸侯的政治人物，不然怎么拆散反秦同盟呢？至于他个人出身的问题，像历史上的名臣姜子牙、管仲、百里奚，哪个出身高贵呢？甚至像管仲，那真是声名狼藉，还当过逃兵，但这并不妨碍他们成为安邦定国的一代名臣。

这两次事件，令韩非在秦王嬴政那里遭到了冷遇。这时，李斯继续煽风点火，说韩非可能是韩国的间谍。秦王嬴政便把韩非抓进牢里，但是一直没下命令杀掉他。

直到李斯把毒药送进监狱，勒令韩非自杀。等嬴政下定决心，想要赦免韩非的时候，得到的是韩非畏罪自杀、服毒而死的消息。

“木秀于林，风必摧之；行高于人，众必非之”，无论什么样的人，都有被人嫉妒的可能，哪怕你觉得自己普普通通，但总有人能发现你身上有令他嫉妒的闪光点。越是嫉妒你的人，越容易做出对你不利的事，要小心提防。

《鬼谷子》说：“圣人之道，在隐与匿。”深藏不露的人，沉得住气的人，才能行稳致远。

宋康王的野心：越是得意，越要保持清醒

门道

做人，最重要的是要有自知之明。天外有天，人外有人，人生是在不断向前推进的，并不会因为一次成功就能永远成功，也不会因为一次胜利就能获得长久的胜利。盲目狂妄自大，只会招来不必要的灾祸。

在群雄争霸的战国时代，宋国是一个小国，宋康王是最后一任国君。

宋康王长得相貌伟岸，而且天生神力。上任后，他在很多领域都进行了大刀阔斧的改革。然而，那时候的天下，已经成了秦、楚、齐3个超级大国的战场，宋国这样的小国再怎么折腾，实力也远远比不上大国。

公元前286年，宋国国都城墙拐角处，有一个麻雀巢。这可不是一般的麻雀巢，有人发现，里面居然孵出来一只雏鹰，赶忙上报给宋康王。

宋康王一听，自己这个小国，居然有这么奇异的事情发生。于是，他找来太史，想占卜一下。太史占卜的结果，让宋康王兴高

采烈。

太史是这么说的：“小生大，意思就是反弱为强，这是成为霸主的好兆头呀！”

太史的话，很符合宋康王的心意，听了很舒服。宋康王很高兴，毅然决定起兵，开始自己的王霸之业。

他先是起兵灭掉了旁边的小国滕国，接着又攻占薛地（就是昔日孟尝君的封地），接着又向东打齐国，占领了齐国 5 座城池，向南又打楚国，占领了楚国 300 里土地，向西又打魏国，魏国居然也没有招架住。

宋康王一时间风头无两，连秦国的风头都被他盖住了。秦国是很强，但是，没有强到先后招惹一大堆诸侯的地步，宋康王这是有多么膨胀！

宋国地盘并不大，这么小的一个国家，居然跟天下好几个诸侯接连开战，先后招惹好几个诸侯，甚至包含齐、楚、魏这样的强国，而且还是连战连胜，这就了不得呀！

难道，这真是宋康王成为霸主的兆头吗？

一连串对外战争的胜利，提升了宋康王想要成为霸主的信心，也让宋康王变得骄傲自大，目中无人，甚至目中无神。他用弓箭射天，用长鞭抽地，把祭祀天地祖先的祭坛都给砸毁了，他表示连鬼神也不在乎，鬼神也不怕。

取得了一番成就之后，志得意满的宋康王，在宫中大摆宴席，不分昼夜地饮酒作乐。

而宫中的侍从，更是一个一个大喊万岁，堂上的官员也大喊万岁，门外的人听到之后，也跟着喊万岁。于是，整个宋国沉浸在一片万岁声中。

可以说，这是宋康王人生的高光时刻。

但是，宋康王的得意，并没有让其他诸侯看在眼里。各个诸侯对这个暴发户式的宋康王，很是惊讶，还给他起了一个外号，叫作桀宋。

桀是夏王朝的亡国之君，在1000多年后，其他诸侯给宋康王起这么一个外号，绝对不是赞美他，而是把他形容成一个暴虐的国君，宋国也成了一个暴虐的国度。

面对这种出头鸟，自然会有人收拾他。被占了5座城池的齐闵王，自然受不了小小的宋国在他面前如此叫嚣。

于是，齐国发兵攻打宋国。

宋国人面对齐国军队居然不抵抗，一哄而散，没有一个人愿意替宋康王守城，宋国都城以极快的速度陷落，宋康王不得不逃亡他国。

在国都陷落前，宋康王逃到了卫国的温城，被齐王派兵抓住。

这时候，已经80岁的宋康王，不想临死受辱，于是跳下山涧。意外的是，宋康王居然没死，还是被拉出来斩首了。

至此，宋国被灭。当年的宋襄公打着仁义的大旗，想接过齐桓公的旗帜，称霸诸侯，成为一件让人好笑的事。没想到他的后世子孙宋康王，一样妄图称霸，挑衅强邻，最终身死，把祖宗基业彻底给败光了。

宋康王听信小人谗言，被诱导走进歧途，攻打四周的国家，不断树敌，最终给自己招来了杀身之祸。在这个过程中，他先灭掉了滕国，抢占了薛地，又东败齐国，取5城，南败楚国，取300里，西败魏军，一度迷失了自己，逐渐深信自己真能称霸天下了。可是在齐国发兵攻打宋国时，宋国却毫无抵抗之力，称霸天下终究是一场梦而已。

无论创业还是带团队、做事业，好运气是不会始终持续的。越是得意的时候，越要保持清醒，不要四处树敌，积蓄实力才是硬道理。

燕王姬喜：见利不忘义，临财不苟得

门道

俗话说，人无信而不立。见利忘义，乘人之危，不是君子所为。当你与别人有所约定时，要竭尽所能遵守约定，当有利益冲突时，还能守护约定，不被利益蒙蔽双眼，这不仅是一种道德规范，更是一种人生智慧。

公元前 251 年，燕王姬喜派栗腹出使赵国，给赵王送上 500 金，表示愿意跟赵国缔结友好盟约。此时的赵国经过长平之战的惨败，又遭遇秦军一年多的邯郸围攻，整个国家都萎靡不振，极为空虚。

本来这是一件好事，燕赵两国是近邻，两国友好，对大家都有好处。但是，等到栗腹回到燕国之后，燕王姬喜询问赵国的状况和实力如何时，栗腹说："赵国的壮年男子在长平之战中死得差不多了，就剩下一些没长大的孩子，现在去攻打赵国，一定大获全胜。"

燕王姬喜觉得，这是一个机会。于是，刚给赵国伸出橄榄枝的燕国，开始积极准备攻打赵国。他召集大臣们商量，问昌国君乐间："赵国元气大伤，咱们燕国要不要趁机捞一把？"

乐间是名将乐毅的儿子，继承了乐毅在燕国昌国君的位子。乐间对燕王姬喜说："赵国四面都是强敌，他们国家无险可守，在赵国，没有纯粹的百姓，人人都可以上战场杀敌，咱们千万不能轻视他们。"

燕王姬喜却不以为意地说："我以5倍的力量来攻打，你觉得怎么样？"

乐间说："我觉得不行！"

燕王姬喜生气了，反驳说："怎么就不行了？"随即下令，出动战车2000辆，兵分两路，一路由栗腹担任统帅进攻鄗城，另一路由卿秦攻取赵国的代地。

这时候，大臣将渠劝阻燕王姬喜说："咱们刚跟人家缔结盟约，要永结友好邻邦，还给人家送上500金。单凭一个使者的一家之言，给您汇报的赵国表面情况，您就想攻打赵国，这是不祥的征兆。如此出师，必定无功而返。"

将渠已经把话说得很直白了，就差把"言而无信、趁火打劫"这句话说出口了。然而，燕王姬喜根本不听他这一套，甚至决定亲自带着一路援军，在大军出发之后，他也要亲临战场。

将渠很不识趣，燕王姬喜都把人召集起来了，军队都列队等着出发了，他上前抓住燕王姬喜腰间佩戴的丝带，苦苦劝解燕王姬喜不要做这种不义的事。

但是，这个时候燕王姬喜更加生气了，一脚把将渠踢开。

将渠哭着说："我不是为了自己，我是为了大王您。"

燕王姬喜已经是箭在弦上不得不发了，哪里还能听得进去这套说辞，带着军队扬长而去。燕军很快抵达了赵国边境，而赵国反应也很快，大将廉颇亲自率军迎战，在鄗城击败栗腹。

而赵国的另一员大将乐乘，在代地击败卿秦，追击燕军上百里，一路追到了燕国的都城蓟城，接着围住了蓟城。

燕王姬喜一看，麻烦了！偷鸡不成，反而折了一把米，关键是还引火上身了。他只能向赵国求和，请求得到赵王的谅解。

赵王派人告诉燕王姬喜，必须让将渠来和谈，赵国才相信，才会撤兵。燕王姬喜只能任命将渠为相国去跟赵国和谈，赵国军队这才离开燕国。

秦国几乎是举全国之力，都没有拿下来赵国，燕国作为边陲小国，凭什么认为可以从赵国身上咬下来一块肉？燕王姬喜毫无自知之明，见利而忘义，在跟人签订盟约之后，看到有利可图，毫不犹豫地撕毁盟约，像狗见了骨头一样冲上去，结果把牙给崩了。

孔子在谈及一个人的修养时，告诉自己的弟子：“见利思义，见危授命，久要不忘平生之言，亦可以为成人矣。”意思是说，见到钱财利益要能想起道义，在危急关头要有献出生命的勇气，长期处在困苦中也不忘平生的诺言，就可以算是正人君子了。

人可以趋利避害，但不能见利忘义。一个有良心的人，哪怕是利益在前，也会守好自己的良心，知道什么该做，什么不该做，这就是“人杰”。

李良受辱：上交不谄，下交不渎

“上交不谄，下交不渎”是《易传·系辞传》中孔子的话，意思是与高于自己的人交往，不要低声下气；与不如自己的人交往，不要高傲怠慢。做人要不卑不亢，待人要不论贵贱，给任何人都恰到好处的礼节和体面。

秦末农民起义的浪潮中，有一个叫武臣的人，跟陈胜是故交。当陈胜称王后，想攻打赵地，便让武臣为将军。

武臣率军渡过黄河，连续攻下赵地十几座城市，兵马壮大到十几万，占据了整个邯郸城。与武臣形成鲜明对比的是，陈胜手下其他的队伍，在经过初期的节节胜利后，逐渐开始败退，被秦国大将章邯逐一反攻。

一方面，武臣听说，为陈胜攻城略地的将军，回到陈地之后，很多人都是因为谗言而获罪被诛杀。另一方面，陈胜所倚仗的大军基本战败，所谓的“陈王”身边，已经没有太强的军事实力了，甚至还不如武臣手里的兵马。

于是，武臣在众人劝说之下，自立为赵王，还煞有介事地通知了陈胜，表示从此跟陈胜平起平坐了。

陈胜听说自己的小弟武臣居然宣布独立了，顿时怒气冲天，准备杀掉武臣等人的家属，发兵攻打武臣建立的所谓的赵国。

这时候，陈胜的上柱国蔡赐提建议说："秦国还没有灭亡，如果你诛杀了武臣等人的家属，这就是又给自己树立了一个像秦国一样的大敌。不如派出使者，向武臣表示祝贺，让武臣派兵攻打秦国。"

陈胜觉得有道理，于是听从了这个计策。接下来，陈胜把武臣等人的家属接到王宫居住，派使节前往邯郸，祝贺武臣继位，并且催促武臣派出军队向函谷关进发，攻打秦国。

然而，武臣并没有中计，转而让手下去收复燕国的地盘。武臣派李良带兵攻占常山一带。李良很快收复了常山，回到邯郸向赵王武臣汇报工作。

公元前 208 年，武臣再度派李良去夺取太原一带。等李良带军队走到石邑时，秦军已经严密布防。这时候，李良带领的赵军已经无法向前推进了，而秦军将领为了以最小的损失拿下李良带领的军队，伪造了秦二世胡亥的一封信，招降李良。信中说："李良曾经侍奉过我，我很信任他。如果李良能够弃赵归秦，就饶恕他的罪过。"

李良接到这封信之后半信半疑，秦军在前边驻扎，自己的军队也打不过去，怎么办呢？只能返回邯郸，请求武臣继续增派援军。

李良带着几个亲信进了邯郸城之后，正好碰到武臣的姐姐参加宴会回家。李良看到这个架势，以为武臣亲自驾到，就急忙下马，在路边跪下来伏地参拜。

但是，偏偏武臣的姐姐喝得烂醉如泥，不知道给自己参拜的人是大将李良，以为他只是普通的将领，所以并没有在意，只是派一个骑兵，过来向李良表示一下。

李良在武臣的将领之中居于高位，向来都是比较尊贵的。在众目睽睽之下，李良感觉脸上火辣辣的，羞愧难当。

这时候，李良身边的一个亲信说道："天下纷纷叛乱，有能力的人首先称王。赵王原来的地位就比你低，他的姐姐见到你，竟然连车都不下，如此藐视你，将来天下平定了，恐怕就更没有咱们的立足之地了！干脆一不做二不休，把这个女人给杀掉！"

本来接到胡亥的"劝降信"之后，李良的心里已经有所动摇，就在这个犹豫不决的时刻，恰好又受到了武臣姐姐的羞辱，经过亲信的挑拨，李良怒从心头起，顿时下定了决心，派人去追杀武臣的姐姐，而他自己则是率军直接突袭邯郸的王宫。这时候的邯郸，自然也是毫无戒备，毕竟李良带领的军队都是自己人。

李良带领军队闯入王宫，二话不说，斩杀武臣，把武臣的文武百官班底一锅端了。

因为武臣的姐姐醉酒，招摇过市，对武臣手下大将李良态度轻慢，导致兵变，害死弟弟的性命与功业，这看上去是个小概率事件，但是类似的事情却经常发生。总会有人不顾他人的尊严和面子，认为自己高人一等，就可以趾高气扬，实则是在给自己埋下祸根。

福祸之道，就藏在平时待人接物的细节里。真正有德行的人不会谄媚讨好，也不会睥睨他人，更不会看人下菜碟。只有懂得尊重他人的人，才能赢得别人的尊重和喜爱。

第三章 分寸

明得失，知进退，才能有始有终

齐国伐燕：
适可而止，过犹不及

门道

世间很多事都讲究适可而止，越用力抓一样东西，越容易把它搞坏。贪心太重的人，总是为外物所累，凡事掌握合适的尺度，才能一身轻松。

公元前314年，趁燕国内乱之际，齐宣王出兵帮忙解决内乱，只用了50天就占领燕国疆域。然而，齐国的士兵就在燕国留了下来，不走了。

当时，齐宣王向孟子请教了一个难题：齐国应该如何处理燕国？齐宣王说，有人告诉我，不要吞并燕国。有人告诉我，应该吞并燕国，扩大自己的地盘。一个拥有万辆战车的国家，攻击另一个也拥有万辆战车的国家，仅仅用了50天的时间，就征服了这个国家。

齐宣王的意思是，这绝对不是光靠人力就能做到的，这一定是老天的旨意。违背了老天的旨意就会受到惩罚。言外之意就是问孟子：您觉得我把燕国吞并了怎么样？

孟子并没有正面回答齐宣王，而是对齐宣王说：

“如果您吞并燕国，燕国百姓感到快乐，就吞并它。古人就有这样做的，比如说，周天子姬发，就是一个例子。

“但是，如果您吞掉燕国，燕国百姓不快乐，就不要吞并。古人也有这么做的，姬发的老爹姬昌，就是一个例子。

“为什么一个万辆兵车的国家，征服另一个万辆兵车的国家，人们会夹道欢迎它？并不是它的武力有多么强大，而是大家认为，你们是去解救他们的，把他们从水深火热中解救出来的。

“但是，如果这个国家的军队去了之后，让百姓处于更加水深火热的地步，那么，情形就会倒转过来。这些百姓就会夹道欢迎其他国家的军队。”

孟子说得很明白，可是齐宣王并没有听取孟子的意见，反而在燕国横征暴敛，使劲地搜刮地皮，搜刮钱财。但凡有反抗的，有反对的，就要被抓起来，监狱都满员了。

这也导致了燕国百姓处于更加水深火热的状态。燕国的各方势力纷纷揭竿而起，其他诸侯也开始干预齐国吞并燕国的步伐。

这时候齐宣王又遇到了麻烦，又来请教孟子。

齐宣王说：“现在有些诸侯，准备向齐国发动攻击，您说我应该怎么办呢？”

孟子说：“我听说过，有一个仅有 70 里土地的国家统一了天下的故事，这就是商汤。但是，我还没有听说过，一个拥有 1000 里国土的国家，却怕别人怕得要命。

“《尚书》中有一句话说得特别好，盼着君王，盼望君王，君王来了以后，我们平民就可以复苏。

“燕王虐待他的百姓，你发兵前往，燕国的百姓认为你是去解救他们的，是把他们从水深火热之中解救出来的，所以，夹道欢迎你们的军队，他们认为齐军是仁义的。

“但是，你们到了燕国之后，仁义的军队突然变了模样，屠龙少年变成了恶龙，屠杀他们的父兄，囚禁他们的子女，破门抢夺他们的财宝。你说他们会怎么办呢？

“天下诸侯已经很畏惧齐国强大的武力，如今齐国又吞并了燕国，扩大了一倍的国土。您不仅不施行仁义，反而成了吸引天下武器的磁石，所有的武器都向您集中攻击。

“我觉得，如果您现在补救还来得及，释放那些被逮捕的燕国百姓，停止掠夺燕国百姓的财富，跟燕国有影响力的人、燕国王室的后裔接触，恢复燕王的统治，帮助他们设立新的君主，齐国军队撤出燕国，这样您依然可以维持您的威信。”

孟子的话，对当时的齐宣王来说，肯定是最合适的补救措施。但是，到嘴边的肉，怎么可能随意放下呢？

齐宣王并没有接受孟子的意见。

不久之后，燕国到处发生了抗击齐军暴行的起义，齐国军队成了可耻的入侵者，在燕国失去了人心，四处都是暗箭，已经深陷燕国这个大泥潭之中。

齐宣王非常后悔，不得不让军队从燕国撤出。但是撤出的时候，又狠狠地刮了一层地皮，收获了不少金银财宝，在燕国百姓心中，埋下了仇恨的种子，齐宣王这一番操作，可以说跟燕国结了死仇。

齐宣王的贪心太重，到手里的利益不愿意放手，把一手好牌打得稀烂。愈发的贪婪，让齐宣王成了燕国的公敌。本来受到燕国百姓欢迎，却倒行逆施，胡作非为，反而成了燕国百姓最恨的人，成了天下诸侯的公敌，在诸侯的干预下，齐军最后狼狈收场。

无论做人还是做事，一定要懂得适可而止，不要让事态逐渐处于失控的边缘。一定要明白舍得的智慧，该放手的时候一定要放手，有舍才有得。

楚怀王被骗：及时止损，人不二过

门道

谁都有犯错的时候，这并不可怕，可怕的是被错误冲昏头脑，继续犯错。犯下错误后，一定要懂得冷静分析，不在情绪上头时做决定。及时止损，人不二过。

公元前 313 年，秦惠文王想讨伐齐国，可是又担心楚国跟齐国的联盟关系，这两个国家之间曾经订立过盟约，要共同抵抗外患，相互扶持。

秦惠文王担心一下子对上两个大国，恐怕有些吃不消。所以，秦惠文王决定先瓦解他们的联盟，于是就派出了一个关键人物张仪，来瓦解齐楚之间的友好关系。

张仪很快来到楚国，对楚怀王说："大王，我从秦国来，给您带来一个特别好的消息，可以说是喜事临门呀。"

楚怀王很感兴趣，让张仪说下去。

张仪说："如果您愿意跟齐国断绝盟友关系，我们秦国愿意把商於地区 600 里土地送给贵国，同时还可以挑选秦国最漂亮的美女，给你当老婆和婢女。秦楚两国结为兄弟之邦，世世代代结亲，永远成为友好邻邦。”

面对强国伸出来的友谊之手，楚怀王脸上顿时露出喜色，立刻对张仪说：“没问题，你说的我同意了。”

这时候，楚国朝堂上的官员们，都对楚怀王说：“恭喜大王，贺喜大王，不用一兵一卒，拿到商於 600 里土地，还跟秦国这么强大的国家，结为兄弟之邦。这是一场楚国外交史上的胜利，注定要载入史册的。”

但是，有一个叫陈轸的大臣，脸上很不好看，一个劲儿地撇嘴、摇头。

楚怀王看到大家都喜气洋洋的，只有这个陈轸冷笑不止，感觉很扫兴，很不给自己面子。

楚怀王生气地对陈轸说：“本王不用一兵一卒，不用兴师动众，就白白得到了 600 里的土地。你看大家都很高兴，为什么偏偏你黑着个脸，好像别人欠你几百金一样，你什么意思？你摆这张臭脸给谁看呢？”

陈轸听了，对楚怀王说：“我担心商於的 600 里土地，不可能纳入楚国的版图。而同时，还把咱们跟齐国本来友好的关系给闹掰了。闹掰了之后，齐王肯定对咱们有意见，再跟秦国结盟。等齐国和秦国结盟的时候，恐怕就是楚国遭受灾难的开始。”

楚怀王听了，顿时也有点儿担心，于是问陈轸：“那说说你的想法。”

陈轸说：“秦国为什么这么重视楚国？是因为楚国有齐国这么一个强大的盟友，一旦楚国跟齐国闹掰之后，咱们就没有了盟友，就成了孤立的国家。那个时候，秦王还会再对咱们有所畏惧吗？又怎么可能会把商於的 600 里土地白给咱们呢？”

陈轸表示，张仪回到秦国之后，一定会食言。这样一来，楚国失去了齐国这个盟友，又跟秦国成了敌人，到时候恐怕要遭到齐国和秦国的两面进攻。

所以，对楚国来说，这并不是一件好事。为了楚国的长远打算，最好的办法是先虚张声势，假装要跟齐王闹翻，然后派人跟着张仪，去秦国接收商於的 600 里土地，等他们真的把土地如数给楚国之后，再跟齐国绝交也不迟。

楚怀王听了之后，居然很是愤怒，好像自己的智商受到了侮辱，冲着陈轸大声吼道："闭上你的乌鸦嘴，我就要让你看看这场外交谈判所带来的胜利果实。"

于是，楚怀王不顾陈轸的意见，让张仪兼任楚国的相国，送给张仪贵重的礼物，宣布跟齐国绝交，下令关闭两国的边界。

同时，还派一名将领跟着张仪到秦国，尽快完成商於 600 里土地的交割手续。

但是，到了秦国之后，张仪假装出了一场小车祸，从车上摔了下来。他关起门来养伤，足足三个月，谁也不见。

而楚怀王听说这个消息之后，自己瞎琢磨，是不是张仪觉得咱们跟齐国绝交不够彻底，所以不愿意搭理咱们呢？

于是，楚怀王又派勇士宋遗，通过宋国的地盘，来到齐国，辱骂齐宣王。

这一下把齐宣王给气得火冒三丈，立刻改变了对待楚国的外交政策。从此，齐国跟楚国彻底闹掰，开始跟秦国交好。

等这件事过去之后，张仪的“伤”也好了，又开始上班了。楚国的将领好不容易等到张仪上班，赶忙去堵张仪。

张仪看到楚国的将领，一脸惊讶地说：“你怎么还待在咸阳呢？为什么不赶紧去接收我承诺的土地呢？从某处到某处 6 里。”

这个将领才知道，被张仪这小子给骗了，于是回报楚怀王。

楚怀王听了顿时大怒：“张仪居然敢骗我，秦人简直就是无耻之极，给我召集兵马，我要攻打秦国！”

这时候，陈轸又站出来对楚怀王说：“大王现在可以听我的意见了吧？我现在能说句话不？”

陈轸表示，现在攻打秦国，不如交好秦国，送给秦国一座城池，破坏秦国跟齐国的盟约。要求秦国跟楚国一起，共同进攻齐国。这样楚国虽然在西方丧失了领土，但是可以从东方的齐国这边，得到弥补。

陈轸说：“这样算下来，咱们也不吃亏。现在的情况是，大王您已经跟齐国绝交了，如果咱们再和秦国开战。那就等于逼着齐国和秦国一起来打咱们，相当于跟全天下为敌，到时候肯定会元气大伤。”

姑且不论陈轸这个主意到底行不行得通，这时候的楚怀王正在气头上，哪里听得进去陈轸的方案呢？

楚怀王一定要给秦国这帮骗子一点颜色看看，命令军队集结，要教训一下秦国。而秦国呢，自然早就等着楚国来攻打，很快也起兵迎战。

楚国这一仗，被打得落花流水，损兵折将，被斩 8 万人，还丢了一块重要的地盘汉中郡。

楚怀王不甘心，再次发兵，结果又在蓝田大败，韩、魏两国也趁火打劫。最后，楚国没有占到便宜不说，还割掉了两座城池给秦国。

楚怀王为什么会被骗呢？因为他实在是太想当然了。楚怀王被骗后的反应，是人之常情。然而，他作为一国之君，控制不住自己的怒火，不仅对自己不好，也会给国家带来灾难。

很显然，楚怀王无法控制住自己的怒火，最终发兵攻打秦国，没有硬扛秦国的实力，最终还是让自己倒霉。

楚怀王的事告诉我们，一定要允许自己犯错。谁都有看走眼的时候，犯错不可怕，可怕的是在错误之中恼羞成怒，控制不了情绪，不能及时止损，继续犯错。

有些人就会像故事中的楚怀王，过于自信，当发现决策失误时，完全接受不了。做决策的时候，一定要保持头脑冷静，哪怕是已经身处险境，哪怕是先前的决策已经造成了巨大损失，在冷静中思考，有及时止损的分寸，能抽身离开才是大智慧。

范雎入秦：
一出风头，就栽跟头

爱出风头的人，看似表面风光无限，却在不经意间，引来了嫉妒，招来了厌恶。智慧的人总是懂得隐藏自己，韬光养晦才是长久之道。

公元前 270 年，魏国派令中大夫须贾出使齐国。须贾身边有一个下属叫范雎，因为口才特别好，受到了齐襄王的赏识。齐襄王私下赏给他很多的金银财宝和好酒好肉，但是被他谢绝了。

须贾知道这一切后，猜测范雎向齐国出卖了国家机密。于是，他把这件事告诉了魏国相国魏齐。

魏齐觉得，这种事宁可信其有，不可信其无。他让人把范雎抓起来，严刑拷打，把肋骨都打断了，牙齿也打脱落了。

范雎奄奄一息，只能装死。魏齐就让人把范雎用席子卷起来，扔在厕所边。魏齐用这种方式去警告下属，到了其他国家不要乱说话。

范雎对看守他的人说："求求你救救我，我会重谢你。"

守卫就跑去汇报说，那个竹席里边的人都臭了，怎么处理呢？要不要扔远点？

正赶上魏齐喝多了，不耐烦地挥挥手，就让这个守卫把范睢给扔出去了。

范睢被扔到街头的垃圾堆里，赶忙爬起来逃跑，而魏齐酒醒之后，突然想起范睢来，觉得还没有确认清楚，这家伙到底是不是泄漏魏国机密了，又让人去把范睢给找回来。

此时的范睢，早就被一个叫郑安平的人给藏了起来，改名换姓叫张禄。

又过了一段时间，范睢被带到了秦国，这才死里逃生。

身处秦国的范睢一直在等待，终于有一天，他得到一个面见秦昭襄王的机会。

范睢在去见秦昭襄王的路上，慢悠悠地走着，前边带路的宦官警告范睢："你快点走吧，秦王都快到了，你这么磨蹭，要等到什么时候呢？"

范睢语出惊人，大声说："什么大王？秦国不是只有太后、穰侯吗？哪儿来的大王？"

秦昭襄王已经离他很近了，听到了他这句话。于是，秦昭襄王让左右的人退下，对范睢说："先生，请您指点指点我。"

范睢说："您过奖了，我水平有限，哪里能指点您。"

秦昭襄王反复问了三遍，最后急了说："您真的不肯指点一下我吗？"

范睢说："我哪敢这么做呢？我是一个来到秦国避难的人，跟大王没啥交情。我提的建议，却跟大王有密切的关系，可是我不知道您心里是怎么想的。所以，大王三次询问，我都不敢直接跟您说。今天我就豁出去了，跟大王说点掏心窝子的话，就算明天大王要杀我，我今天也要说出来。我并不怕死，人终归还是要死的，只要有利于秦国，我就心甘情愿。但是，我怕我死了之后，天下有才能的人，都不敢来秦国效力了。”

这一番话，水平很高。先说自己不怕死，表明这段话的重要性，紧跟着表示秦王如果因为我说了真话，就动手杀人，那以后再也没有人跟你说真话了。

秦昭襄王立刻坐直了，说："先生，您这是说什么话？我今天能见到先生，一定是老天派您来帮助我的，请您有话直说，上到太后，下到大臣，只要您说的，我都不会怪罪你。请您指点我，不要怀疑我的诚意。"

接着范雎拜谢秦昭襄王，说："以秦国目前的强大程度，战士勇敢，面对东方诸国就像猎狗来追击伤了腿的兔子，但是，函谷关却关闭了 15 年，不敢向东扩张。主要是因为穰侯不忠诚，给大王设计的战略又有错误。"

秦昭襄王听了之后，并没有表现出来愤怒，而是说："请您告诉我，到底是什么错误，我愿意洗耳恭听。"

接下来，范雎一番长篇大论，提出了著名的"远交近攻"，让他成为秦昭襄王的心腹。

范雎作为须贾的随从出使齐国，受到齐王的青睐和赏赐，本是常见之事。但须贾嫉贤妒能，疑其与齐国私通，让范雎从客卿变阶下囚，甚至遭受淋尿之辱。直到逃往秦国，才死里逃生，一路"逆袭"，受到秦昭襄王重用。

范雎入秦的故事很符合“爽文”特征。然而，这一路坎坷的起因，就是因为出风头。这告诉我们，做人在任何时候都要保持低调，出尽风头时往往也是栽跟头的时候。另一方面，秦昭襄王问话，范雎一开始不肯说，先看看秦昭襄王是不是有真心和诚意，这是对秦昭襄王的试探。在魏国死里逃生的经历，范雎不得不慎重判断眼前的秦昭襄王，是不是值得辅佐的君王。

出过风头，方知高处不胜寒，多少目光在盯着你。栽过跟头，才知道更谨慎理智的判断，能让自己把每一步都走得稳妥。

范雎罢相：
及时思退，方得保全

知进而不知退，最终导致无法善终，往往是很多人的宿命。功成身退四个字，说得容易，想做到太难。辛苦打拼数十载，谁又愿意放下得来的一切呢？然而，无数历史故事告诉我们，不要高估自己的价值，及时思退，才是保全之道。

公元前255年，秦国河东郡郡守王稽被人指控勾结其他诸侯，意图不轨，随后王稽被斩首。

说起来，这虽然是一件大事，但是影响的范围也有限。作为一郡之首，王稽自然也是有背景的，他的靠山就是范雎。

王稽之死，也让范雎的心头蒙上了阴影。因为王稽是范雎推荐过来的，秦国的法律规定，被推荐的人犯法了，当初的推荐人一样要跟着连坐，也要接受处分。

范雎作为秦国的相国，有些坐立不安。或许，秦昭襄王可以看在范雎的功劳上，对他网开一面。

但是，在公元前257年12月，王龁带领秦军围攻邯郸久不建功，还被魏无忌和赵国打得大败，大将郑安平率领两万秦军向赵国投降。

巧的是，郑安平也是范雎推荐的。

范雎推荐的两个人，接连出问题。而秦法严酷，范雎也不知道等待自己的命运到底是什么。

有一天，秦昭襄王当着范雎的面，突然叹了一口气。

范雎问秦昭襄王："大王何故叹息？"

秦昭襄王对范雎说："如今武安君白起死了，郑安平、王稽等人又背叛了秦国，内无良将，外有强敌，这可怎么办呢？不得不令人发愁！"

很显然，这不是几句话能说清楚的事，范雎一时间也是束手无策，只能随声附和秦昭襄王。

秦昭襄王这是话里有话，在他眼里，造成这种局面，范雎自然有不可推卸的责任！然而，一向以睿智机敏著称的范雎，也不知听懂没听懂，反正是一副无动于衷的样子。

又过了一段时间，燕国人蔡泽来到了秦国，扬言要夺了范雎的相国之位。他说自己只要一见到秦王，就能把范雎踢下相国的高位。

范雎听说这个消息之后，自然非常生气，自己正犯愁呢，居然还有人给自己找不自在，于是让人把蔡泽找来，想听听蔡泽要怎么把自己搞下去。

蔡泽来到范雎面前，态度很傲慢，既不行礼，也不打招呼。

范雎看到蔡泽之后也不客气，上来就斥责他："听说你扬言，要把我踢下相国的位置。麻烦你说一说，你想怎么把我踢下去？"

蔡泽装作很惊讶的样子，对范雎说："这就奇怪了，你的脑子为什么反应这么慢呢？春夏秋冬，四季交替，都是在顺应时节，完成自己的事情之后就要退去。难道你没有看到秦国的商鞅，楚国的吴起，越国的文种，这些人的下场吗？难道你愿意有他们那样的结局吗？”

范雎不服气地对蔡泽说：“那有什么不愿意的？你说的这三位先生，他们都是身怀大义的忠心之辈，君子可以杀身成名，死而无憾。如果我能做到这样，我也愿意。”

蔡泽听了，笑说：“大家追求功业，有哪一个人不盼望着功成身退呢？能够保全性命和名誉，是上策；保全了名誉，但是丧失了性命，只能算是中策；如果名声臭大街了，只保住了性命，那就是下策。商鞅、吴起、文种，他们站在臣子的立场效忠国家，可以说他们如愿以偿。但是，他们最多也只能算中策。闳夭、周公就没有效忠国家吗？前面那三位难道不想像闳夭、周公一样，获得好结果吗？”

范雎回答说：“当然了，他们肯定也是这样想的。”

蔡泽继续说：“如今的秦王，在笃念旧情、对功臣保护上，能跟嬴渠梁、楚悼王甚至勾践相比吗？”

范雎摇摇头说：“我不知道。”很显然，范雎不是不知道，而是知道也不敢说出来。

蔡泽继续说：“那么，您的功劳，跟商鞅、吴起、文种相比怎么样？”

范雎摇摇头：“我肯定不如他们。”

蔡泽继续说：“既然这样，那您为什么还眷恋着高位不肯下来？如果您再眷恋高位，恐怕您的结果会比他们还要惨。俗话说得好，日中则移，月满则亏。进退、增减，都要随着时势的不断变化，这才是圣人法则，圣人之道。如今您的状况是，恩也报过了，仇也报完了，您的人生还有什么愿望没有满足吗？没有了！但是，您却不根据时势的变化，调整自身的策略，我真替您感到担忧，您怕是大祸不远了！”

范雎听完蔡泽一番话，顿时如梦初醒，把蔡泽尊为贵客，同时把他推荐给秦昭襄王。

秦昭襄王很快接见了蔡泽，跟蔡泽聊得十分投机，于是任命蔡泽做客卿。范雎则是顺势推舟，说自己身体有病，请求辞职走人。秦昭襄王正是特别欣赏蔡泽的时候，自然也就满口答应了范雎的请辞，于是，任命蔡泽当秦国的相国，接替范雎的位置。

蔡泽在秦国相国这个位置上几个月之后就被免职。

在《资治通鉴》中，记载蔡泽的话：“身名俱全者，上也；名可法而身死者，次也；名辱而身全者，下也。”正是这句话点醒了范雎，促使他抽身而退，最终保全了性命。

中国历史上，把事业做到很大的人有很多，事后能功成身退的人不多。原因是很多人看不清形势，看不清自己，或许不愿意从功劳簿上下来，想着自己的功绩，那些小毛病、小问题都无关紧要，能多待一时是一时。而无数历史告诉我们，自己主动卸下功劳，远比别人帮你卸下更体面。

长平之战：
不受无故之利，不贪非分之福

分寸是该进则进，该退则退，该拿就拿，不该拿时一定要管住双手。有太多的人在利益诱惑前，失去理智，最终酿成大祸。

公元前262年，秦昭襄王派武安君白起大举进攻韩国，拿下了野王地区，把北方的上党地区跟韩国彻底分开，失去了联系。

韩国上党郡守冯亭只能积极想办法自救。他不愿意降秦，面对近在咫尺的秦军，又无能为力，于是想出了一个“天才般”的主意：投降赵国，赵王如果愿意接收上党，赵国就要受到秦国的攻击，必然会跟韩国结盟，到时候韩赵结成一体，就可以抵抗住秦国的入侵。

于是，冯亭派出使者来到邯郸面见赵王，说：“韩国守不住上党，一定会被秦国拿下，但是我们不愿意成为秦国的臣民，不愿意让秦国领导我们，我们愿意成为赵国的臣民。上党郡所属十几座城市，愿意全部归顺赵国。”

赵孝成王听到有这么好的事，心头一喜，征询平阳君赵豹的意见。

赵豹说：“圣人说得好，别人无功无劳、无缘无故突然给你送上巨大的利益，圣人认为这是祸，是不能接受的！”

赵王说：“上党军民都愿意归附，是因为仰慕我的仁德，怎么叫无缘无故、平白降临呢？”

赵豹表示，秦国对邻国的政策是一步步蚕食，目前已经把韩国拦腰斩断，使韩国领土南北不能呼应，目的是野王吗？必然不是，他们的目标是上党。如今的上党如同恶狼嘴边的一块肥肉，韩国驻守上党的那帮官员，之所以不向秦国投降，是因为他们想把灾难转移到赵国头上。

秦国出动大军，攻下韩国的城池，赵国却摘到了胜利的果实，怎么能从强大的秦国嘴边夺肉吃呢？

赵王不死心，又问平原君赵胜。赵胜认为可以接收，并表示接收上党的土地，秦国一定会派武安君白起来进攻，可以让廉颇守城。

于是，赵王派赵胜前往接收上党地区，而冯亭流着泪说不愿意接受赵国的封赏，不忍心出卖君王的土地作为自己的食邑。

此举果然激怒了秦国，秦昭襄王派兵全力进攻韩国，上党军民一路逃奔，来到了长平。赵国统帅廉颇，率领大军进驻长平，跟秦军形成了对峙局面。但是，赵军却在跟秦国的交锋中，屡战屡败。

这时候赵王想跟秦国议和。虞卿提出了反对意见，他表示：这时候去议和，无论谁去、带多少财宝都没用，还不如带着金银财宝去楚国和魏国，组成联盟，共同对付秦国。相反，如果去议和，楚国和魏国必定不会出兵救援，而秦国知道天下不会来救赵国，就会持续进攻，因此议和根本不可能成功。

可惜的是，赵王没听进去这番话，还是派人前往秦国议和。正如虞卿料想的一样，秦国摆出了盛大的仪式招待赵国的和谈使者郑朱，却从来不跟郑朱聊和谈的事，而是一直拖着他。同时，秦国一直在向外散播秦赵两国已经和解的消息，防止各国出兵救赵。

长平城外，秦军和赵军的厮杀越发白热化，廉颇被逼得没有办法，只能坚守阵地，只守不攻，坚决不应战。

与此同时，秦军四处散播谣言，制造舆论："廉颇很容易对付，秦国最害怕的是马服君赵奢的儿子赵括。"

赵王渐渐信服，打算重用赵括。在很多赵国人眼里，赵奢曾立下赫赫军功，儿子赵括从小就能文能武，熟读兵法，与父亲谈论用兵之道，从来都难不倒他。

然而，赵奢却将儿子看得很透彻，他表示："带兵打仗是生死存亡的事，赵括总是说得那么轻松，夸夸其谈，这是一个危险信号。赵括不带兵当统帅倒无所谓，如果让他当统帅，那让赵国军队全军覆没的人，就一定是他。"

最终，赵王坚持任用赵括为统帅，换下老将廉颇。秦国知道消息后，认为消灭赵军的机会来了，于是任命白起作为统帅，秘密前往秦军大营。

赵括干的第一件事，就是撤销廉颇发布的坚守命令，拆除防御工事，下令出击进攻秦军。交战中，秦军假装败退，却派出部队在两侧迂回包抄，而赵括只想着乘胜追击，结果秦军筑起营垒，赵军发动空前未有的猛烈攻击，但是却始终无法突破秦军的防守。

秦军两侧的人包抄到位之后，同时也派了 5000 名骑兵，切断了赵括的退路，彻底把赵括的主力部队给围了起来。而赵括的主力部队，跟原来的阵营里的留守部队，被一分为二，随之断绝联系。

这时候的赵军，已经成了瓮中之鳖。秦国则征召河内郡 15 岁以上的男子全数前往长平，封锁所有的道路，断绝赵国的救兵和粮食救济。

公元前 260 年，赵军主力已经断粮 46 天，很多士兵或饿死或因突围不成而死亡。赵括率队突围 5 次，全部以失败告终，最终中箭而亡。40 万赵军群龙无首，全部投降，随后被白起坑杀。

这就是历史上著名的“长平之战”，自此赵国元气大伤，秦国的“大一统”越来越顺利。对于赵国来说，在韩国向其求援时，没能抗住“诱惑”，接收了上党，相当于虎口夺食。可是，整个赵国似乎并没有做好应对秦国的准备。

在发现秦国为了上党而大军压境时，赵王又天真地想要议和，根本没有跟秦国战斗到底的勇气。示弱和退让，只会让对方更加肆无忌惮，最终引来了长平之战。

俗话说，人心不足蛇吞象。一个人要能知足常乐，不被贪婪所困，内心方能守住一片安宁。

甘茂亡秦：
人在江湖，当如履薄冰

在彼此信任时，做事往往顺利。当人与人之间的信任链破裂，就要思考退路了，不能盲目自信，更不能把自己的命运拱手让人。

甘茂是战国中期秦国名将。公元前308年，秦武王派甘茂当统帅，让向寿作为甘茂的副手，统领秦军攻击韩国。

甘茂到了前线之后，却迟迟不肯进攻。这时候，秦武王就把甘茂召回，两个人在一个叫息壤的地方见面。

秦武王问甘茂："你磨磨唧唧的干吗呢？已经到前线了，赶紧把宜阳给我打下来。"

甘茂向秦王解释说："韩国的宜阳，虽然只是一个小县，实际上却是一个郡，一时半会儿打不下来，不急于一时。我有一个故事想讲给您听。"

秦武王很不耐烦："说吧，说吧。"

甘茂说："从前，有一个人跑去对曾参的母亲说，不好了，不好了，曾参杀人了。曾参的母亲一听，根本不相信，自己的儿子弱不禁风、文质彬彬的，会杀人吗？曾母摇摇头，坚定地说，我儿子绝对不会杀人。说完，她接着织布。又过了一会儿，又跑过来一个人，对曾母说，不好了，不好了，曾参杀人了。曾母听了，迟疑了一下，最后还是摇摇头说，不可能，我儿子不会杀人。又过了一会儿，又有人跑进来，对曾母说，不好了，曾参杀人了。曾母这一次没有丝毫的迟疑，也没有摇头，而是扔下织布机，转头就逃走了。”

秦武王听了，疑惑不解，问甘茂：“你给我讲这个故事是什么意思？曾参是一个贤人，怎么可能杀人呢？”

甘茂解释说：“曾参自然没有杀人，杀人者只是跟曾参同名同姓罢了。您说像曾参这么贤能的人，接二连三，有人说他杀人了，连最了解他的母亲，最后居然都相信了。如果其他人的话，可能很早就会相信了。如今，臣带领秦国的大军，千里迢迢，去攻打韩国的宜阳，宜阳说起来是一个县，实际上它是一个郡，易守难攻，可以想象，其中必然有很大的困难，臣担心大王将来也像曾母那样，不相信臣啊。”

秦武王听了，坚定地说：“放心，前线的事我交给你了。”

甘茂接着说：“当初，魏文侯让乐羊带兵去攻打中山国，打了 3 年才攻下来。乐羊回国后打算论功行赏，魏文侯交给乐羊一个小箱子，箱子里全是诬陷他、诽谤他的奏折。乐羊这才恍然大悟：能够拿下中山，这不是他的功劳，而是君王的功劳啊。”

甘茂表示，我本来是一个楚国人，辗转到秦国，朝堂之上一定有人议论我攻打韩国的得失，我担心大王听信他们的话，命我撤退。

秦武王听了说：“放心，我对天发誓，绝对不会听别人的闲话，一定支持你到底。”于是，君臣两人祭告天地，达成了一致意见。随后，

甘茂打赢了宜阳之战，打通了秦国东出的通道

后来秦武王跟人比拼武力，举鼎而死，他的弟弟继位，即秦昭襄王。

公元前306年，秦昭襄王让向寿去平定宜阳，准备据此攻打韩国，同时派樗里子和甘茂去攻打魏国皮氏。这个向寿，是宣太后的娘家亲戚，与秦昭襄王从少年时就很要好。

与此同时，正准备全力攻打魏国的甘茂，向秦昭襄王提议：把武遂还给韩国，避免韩国到时候捣乱，用来安抚韩国，放心攻打魏国。

甘茂的建议遭到了向寿、公孙奭的强烈反对。最终，秦昭襄王仍然采用了甘茂的建议。从此，向寿和公孙奭两个人非常忌恨甘茂，经常在秦昭襄王面前说甘茂的坏话。

甘茂得知此事后，非常恐惧。他率领大军讨伐魏国，抵达蒲阪的时候，扔下大军，乘机逃亡而去，一直跑到齐国，当了上卿。

甘茂亡秦的“亡”，指的是“逃亡”和“藏匿”，意思是甘茂逃离秦国。在秦武王时期，甘茂非常受到重用，既伐蜀又伐宜阳，而且还能跟秦武王谈定息壤盟约，可以说甘茂是秦武王的左膀右臂。等到了继任者秦昭襄王时代，甘茂成了“上一朝的老人”，而且领兵在外，难以获得秦昭襄王的信任。思来想去，甘茂放弃在秦国的成就，跑到齐国重新开始。

与之形成对比的是，商鞅在变法取得巨大成功后，秦孝公去世，秦惠文王继任，商鞅被诬为谋反，丢了身家性命。

一朝天子一朝臣，功成身退这四个字，说起来容易，做起来太难，千百年来太多的人栽在这上面，不能自拔。在生活中，任何时候也不能居功自傲，越是谦逊，越容易全身而退。

第四章 阳谋

越是光明正大，越是所向披靡

修建郑国渠：始于阴谋，成于阳谋

门道

某些人通过一些小手段或捷径，短暂获利，便屡试不爽，迟早会在阴沟里翻船。我们不必看别人走了捷径，心里跟着痒痒。走自己正确的道路，持续走下去，机关算尽不如阳谋立身。

公元前246年，面对秦国的强大威胁，韩国朝堂想出来一个鬼主意，想拖延秦国吞并韩国的步伐。所以，他们派出一个重要人物——水利工程师郑国来到秦国。

他们的计划是，让郑国说服秦王嬴政，在秦国境内开山掘道，打造一个重大的水利工程，在泾水和洛水间，穿凿一条大型灌溉渠道。这在古代绝对是一项非常庞大的水利工程。

秦王嬴政一看，这条渠修好后，对秦国农业有很大的好处，就同意了。说干就干，郑国带着大量民工开始干工程建设。

那么话说回来了，让水利专家帮秦国建造水利工程，韩国到底是想干什么？韩国朝堂想的是，用这样一个拖累国家十几万人的大型工程，来达到“疲秦”的目的。秦国把大量人力物力投入到挖渠上，就没有那么多兵力去攻打韩国了。

别的不说，这真算得上是“鬼主意”，天才般的想法！

时间久了，秦国察觉到这是阴谋，秦王大怒。但是，郑国的一番话，却让秦王不仅宽恕了郑国，还让他继续主持这项水利工程。

郑国是这样说的：“我虽然用这项工程帮助韩国延长了几年的寿命，但是，这条水渠一旦建成，对秦国来说，那可是享受万世的福利。”

秦王听了郑国的话之后，觉得非常有道理，仍然让郑国主持完这项水利工程，前后大约花费 10 年时间才大功告成。后世的人们就把这道渠称为“郑国渠”。

郑国渠的建成是非常艰难的，除了开山掘土，还要把挖出来的土垫高低洼地区，并且覆盖在盐碱的土地上，让原来寸草不生的土地变成良田，多达 4 万多顷，每亩粮食产量也有所提升，而秦国也由此变得更加富庶起来。直到今天，郑国渠还在发挥着造福百姓的作用。

韩国为秦国输送郑国，去开凿水渠，想通过这种方式来延缓秦国的征伐，说起来这是一场阴谋。但是，这又何尝不是为秦国输送人才呢？

当秦王嬴政明白这一点后，不为所动，继续把这项造福后世的水利工程完成。这说明，在绝对的实力面前，歪招、小阴谋始终上不了台面。这就是用阳谋应对阴谋，尽管建造郑国渠耗费 10 年，然而给秦国带来了巨大的收益，疲秦之计最后变成了强秦之计，反而加速了秦国统一六国的步伐。

成大事，就要有成大事的格局和方法。多走阳关大道，才能走得又稳又远。多走正道，少想歪招，少走捷径，别人对你的阴谋诡计，别人对你的小手段，只会成为你的磨刀石。

春申君之死：
不害人，但不可不防人

不害人是做人的基本道德，但不代表我们不去防备外界可能造成的伤害。在人际交往中，应该以善意为基础，但也要时刻保持清醒的头脑，保护好自己的利益和安全。

楚考烈王没有子女，相国春申君黄歇对此很担忧。他四处搜寻易于生子的美女献给楚王，结果还是很令人失望。

一个叫李园的人，察觉到这些，想把自己的妹妹献给楚王，可是又担心妹妹将来得不到楚王的宠爱。

于是，李园就找到春申君，请求当他的舍人，也就是门客。成功投入春申君门下后，没过多久，李园就请假探亲，故意晚回来了几天。

春申君感到好奇，问他为什么回来迟了。李园这才告诉春申君，自己有一个妹妹，非常漂亮，齐王不知道从哪儿听到了消息，派使者来说媒，他招待使者，所以晚回了几天。

春申君听了，心有所动，问："送过聘礼了吗？"李园回答没有，春申君让他把妹妹带过来看看。

一见过后，春申君便把李园的妹妹收纳为妾。没过多久，李园的妹妹怀孕了。

这时，李园的妹妹按照李园所教，去说服春申君：“楚王对您比对他的亲兄弟还好，但是楚王没有儿子，去世之后继任者只能是他的兄弟。而您出任相国 20 多年，难免对楚王的兄弟有失礼之处，又怎么能保全住今天的身份和地位呢？”

春申君也很无奈，说：“那又该怎么办呢？”

李园的妹妹趁热打铁说：“我现在刚刚怀孕，现在还没有人知道，如果您把我送给楚王，凭借您的高贵身份，臣妾必然得到楚王的宠爱。若将来我生下一个男孩，您的儿子不就成了楚王，整个楚国都是您的了。”

于是，春申君依计把李园的妹妹献给楚王。不出所料，她果然得到楚王的宠爱，并生下一个男孩，被封为太子。

李园在宫中也被提拔，当了大官。然而，李园始终忌惮春申君会泄露秘密，暗中养了许多亡命之徒。

公元前 238 年，楚考烈王病重，眼看就要一命呜呼。

春申君的一个门客朱英，找到春申君，对他说：“世上有不期而至的福，又有不期而至的祸。您现在处于一个变化无常的时代，侍奉着喜怒无常的君王，怎么能没有帮您紧急应变的朋友呢？”

朱英话里有话，春申君问：“你这是什么意思？什么叫不期而至的福？”

朱英说：“您做楚国的相国已经 20 多年，名义上是相国，实际上跟楚王并没有太大的区别。但是，现在楚王病重了，随时有可能离开人世，将来您辅佐幼主，掌控国家大权。等到幼主成年之后，再交还权柄。如果还不想交还楚国大权，您甚至可以自立为王，这是意料不到的富贵。”

春申君又问：“那么，什么叫不期而至的祸？”

朱英又说：“李园作为太子舅父的身份，却不能掌权，可以说他已经是你的政敌了。李园不是负责军事的臣子，却一直在秘密招募勇士。他到底想干什么呢？楚王一旦离世，李园一定会第一个知道，一定会被召进王宫，他一旦掌控王宫，恐怕就会第一时间向您下手。这就是您的意外之祸！”

春申君听后，没有太大的反应，而是问：“那什么是紧急应变的朋友？”

朱英说：“我有一个想法，您不如派我担任王宫的侍卫官，楚王一旦去世，李园必然第一个进宫，只要他进宫，我就把他杀死！这就是紧急应变的朋友，我可以为您除去祸患。”

春申君说：“你把事情想得太严重了！不用多说了。李园不过是一个软弱的匹夫，我对他很好，我俩之间的关系不会演变到那种地步。”

朱英看春申君不听自己的意见，怕将来自己也惹上杀身之祸，果断逃离了楚国。

十几天之后，楚考烈王去世。李园果然最早得到消息，第一个被招进王宫。他进宫之后，便安排刺客在宫门口设下埋伏。春申君慌慌忙忙进宫，立刻遭遇了伏兵，被砍下首级，扔到宫门外。

同时，李园派出官员搜捕春申君的家属，全体诛杀。而李园的妹妹所生的男孩即位，就是后来的楚幽王。

春申君之死再一次诠释了那句名言:“害人之心不可有，防人之心不可无。”春申君对人性缺乏认知，楚王病死，他是权倾朝野的相国，李园则是太子的舅舅，布局多年，不惜把妹妹献给楚王，必是有巨大野心。

此时的朝堂，二人是最大的竞争对手，可是春申君却毫无防备之心，在经人提醒后仍不以为然。最终落得灭亡的下场，不禁令人唏嘘。

人生在世，无害人之心，不可无防人之术，尤其是当某人的利益跟你有巨大冲突时。防备别人，不是把对方想得很坏，而是充分思考局势，按最坏的打算去做事，才不会出现人性里的突发意外。

传檄而定：攻城为下，攻心为上

门道

《孙子兵法》记载："上兵伐谋，其次伐交，其次伐兵，其下攻城。"想让别人心服口服，从来不是靠所谓强大的实力，带给别人的压迫感，而是做出真心实意的事迹，让对方在心理上接受你。

秦朝末年，天下大乱。

一个叫陈胜的人，被征召前往渔阳服兵役，担任屯长一职。在前往蕲县大泽乡时，遭遇大雨，错过了规定期限。按照秦末的严酷刑罚，应当处以死刑。

陈胜找到另一位屯长吴广，商议过后，把900个戍卒召集在一起，掀起了秦末起义的浪潮。天下各地纷纷响应，陈胜、吴广的队伍越来越壮大。

陈胜的一支队伍，由一个叫武臣的人率领，从白马渡河北上，进入此前赵国的地盘。武臣派出使者游说当地有力量的豪杰，让他们响应自己。

很快，武臣的兵马增加到几万人，大家尊称武臣为武信君。有了兵马，武臣也想着快速建立更大的功业，但是很快就遇到问题了，在一连攻占十几座城池之后，其他的城池却始终坚守，不愿意投降武臣。

武臣正是春风得意的时候，自然也容不得这些碍眼的家伙，于是准备乘胜追击，把这些不投降的队伍全部消灭。

范阳有一个叫蒯彻的人跑来见武臣，对武臣说:“敢问将军，您是不是准备进攻范阳了？”

武臣说:“是的！”

蒯彻说:“看您这气势，准备打败范阳守军，然后再夺取土地，夺取土地之后，再占其他城池，我认为这是一项非常错误的决策。如果您听我的意见，就可以很轻松地平定这些城池，只需要传送檄文就可以拿下千里的土地。您觉得怎么样呢？”

武臣一听，来了兴趣说:“行，那你说说你的办法吧。”

蒯彻说:“范阳令姓徐，这家伙是一个贪生怕死又贪赃枉法之辈，等您的大军一到，他一定会投降。但是，如果您依然像前面那十几座城池一样，攻取之后，把给秦王当差的官员一律杀掉，那后面的人肯定也不会投降。您这种做法，只会让所有的城池都变成铜墙铁壁，让他们铁了心反抗您，这样您攻打起来会更加费力。我有这么一个想法，如果您不杀范阳令，而是给他封一个侯爵，让他乘坐豪华的车辆，奔走于燕赵的土地。有他这样一个榜样，我相信燕赵这些故地上的城池，都会很快投降。”

真是一语惊醒梦中人！

武臣听了之后，对蒯彻竖起大拇指:“先生，这是一个好主意，我这就按您说的做！”

于是，武臣派出100辆豪华的车队，200名骑兵，命令蒯彻带着侯印，前往说服范阳令。而范阳这个徐县令，很快向武臣投降，宣布改旗易帜，脱离秦王朝的统治，成为武臣的下属。

燕赵之地的人听闻此事后，有30多座城池向武臣投降。

《资治通鉴》里记载蒯彻的原话："不攻而降城，不战而略地，传檄而千里定。"以己之力胜人，将人压服，影响力终归是有限的。如果你只会给别人带来危害，只会给别人带来危险，对方一定会拼死抵抗。

无论是做事，管理下属，还是与人合伙做生意，阳谋就是你跟我合作，我会得到好处，你也会得到好处。如果别人跟你合作、与你相处，只能得到麻烦、害处，自然不愿意与你合作。相反，如果有好处和利益，让别人放下戒心，才能赢得良好的合作关系。

王翦伐楚：
适度示弱，往往更有力量

门道

与人交往时，适度暴露缺点，示弱于人，反而会更令人信服。真正强大的人并非总是一副无坚不摧的面孔，而是敢于示弱的人。示弱不是软弱，而是一种智慧和力量的表现。

公元前225年，秦王嬴政计划攻打楚国，召集群臣商议。

嬴政说："我想拿下楚国，你们看需要多少人？"

大将李信很自信地说："灭掉楚国，20万人足够了！"

嬴政点点头，很欣赏李信的回答。但是，嬴政还想稳妥一点，于是问老将军王翦："老将军，您看需要多少兵力才能灭楚呢？"

老将王翦慎重地说："至少需要60万人。"

嬴政听了，呵呵一笑："王将军，您真是老了，胆子都变小了！"于是，秦王任命李信、蒙恬各带一路兵马，率领20万秦军讨伐楚国。

王翦一看秦王不用自己，干脆跟秦王请个病假，回到老家频阳晒太阳去了。

战场这边，李信攻击楚国的平舆，蒙恬攻击寝城，李信再攻鄢郢，再拿下来一城，随后挥兵西进，跟蒙恬兵团在城父会师。

但是，楚国兵团一直紧紧跟随在秦军后边，秦军三天三夜不能休息。这时候，楚国兵团看秦军士气变弱，于是展开反击，大破李信军队，攻陷两座军营，斩杀7个都尉，这可是军中高级将领了。李信军队溃败回国，嬴政勃然大怒。

这样的惨败，在秦国的历史上是非常罕见的。

仗还是要打下去，为表示诚意，嬴政只好乘车前往王翦老家，对正在晒太阳的王翦说："老将军，我后悔没有用您的计谋。李信让秦军遭受前所未有的惨败，这是秦人的耻辱。您虽然生病了，但是您就这么忍心看我和秦军受辱吗？"

王翦赶忙说："大王，我是真病了，恐怕是担任不了这个大将了。"王翦的意思很明显，试探一下秦王的诚意。

嬴政说："得了，您就不要说这些客套话了。"言外之意，这都火烧眉毛了，您就别端着了，有条件尽管提！

王翦这时候知道嬴政是真心诚意的，他说："您如果非要用臣，那么，至少要给臣60万兵马。"

嬴政立刻同意，对王翦说："一切都按照将军的安排，您说怎么办，就怎么办！您说了算！"

就这样，嬴政亲自送王翦和60万人马到了灞上，在即将出征之际，王翦又提出要求："请您再赏赐一些田地和宅子吧。"

嬴政听了，呵呵一笑："将来天下一统后，寡人定要与老将军共享天下，您不用担心会生活贫困。"

王翦不依不饶，继续说："当大王的将领，功劳再大，也不可能封侯，所以，我还不如趁着大王还重用我的时候，多请求一些赏赐，这不过是为儿孙做长远打算罢了。希望大王可以理解！”

王翦的言外之意，是肯定能成事，但是成事之前，能多要一点儿是一点儿。

嬴政没有生气，反而大笑起来，对王翦更放心了。

赏赐到位，王翦也没什么好要求的了，这才带兵出发。但是，还没出秦国地界，从咸阳走到秦国南大门武关的时候，王翦已经派了好几个使者向嬴政继续请求赏赐。

“您看，走了这么远，是不是该给点辛苦费？天气这么热，是不是高温补贴还没发？我一把老骨头了，是不是再赏赐些财宝让我养老？”

总之，各种各样的理由，请求嬴政给钱、给地、给房子。

王翦身边的副将说：“将军，您这么做太过分了吧？小心惹怒了秦王！”

王翦说：“放心，秦王从不会轻易信任别人，如今我又带领秦国所有能调动的部队来攻打楚国，我之所以向秦王要求大量的赏赐，只不过是为了向秦王表示我这是为了儿孙积累家财。秦王自然也会知道我的心意。不然的话，他可能会怀疑我，这样对我来说才是最大的危险。”

秦军进入楚国后，并没有发动进攻，而是摆出一副固守不战的架势，但在背地里积极备战。整整一年后，王翦乘楚军懈怠之际，率军发动猛攻，大败楚军主力，一代名将项燕自杀。很快，王翦的军队攻破寿春，俘获楚王负刍，立国 900 余年的楚国正式灭亡。随后，王翦又南下征服百越，大大拓展了秦国的疆域。

王翦不断找嬴政要好处，其实是不断向嬴政表忠心、送把柄。为的就是让嬴政明白，自己不贪权力，只爱钱财，就想找个地方养老。这是一种把自己弱点故意暴露的策略，成功地赢得了信任。

人天生都会对于完美的人或者较为完美无瑕的东西，产生一定的畏惧心理，换句话说就是不亲切。当你有一定的小缺点，人们会意识到你是不完美的，进而对你产生一定的好感。甚至人们天生的同理心和同情心，会对于暴露缺点的人产生更多的仁慈心理。

每个人都有缺点，适度地暴露缺点，可以帮助我们获得更多的人际关系优势。

赵奢的阏与之战：狭路相逢智者胜

 门道

都说狭路相逢勇者胜，殊不知后半句是勇者相逢智者胜。不动脑子的勇敢，是莽夫的行为。只有充分经过充分思考，才能为你的勇气加持。

公元前 270 年，秦国进攻赵国，大军包围了一个叫阏与的地方。

赵王赵何赶忙召集廉颇、乐乘、赵奢等人商量："如果我们现在派出援兵的话，能不能救过来？"

廉颇和乐乘表示："道路远，而且又艰险又狭窄，很难援救。"

赵王赵何有些不甘心，又问赵奢。

赵奢说："路远又狭窄，就像两只老鼠在洞里斗，狭路相逢勇者胜。"

这个说法让赵王眼前一亮，于是命令赵奢率军救援。

军队在刚出邯郸没多远，大概 30 里的地方，赵奢就下令扎营，表示："有敢向我谈及军情者，一律斩首示众。"

与此同时，一支秦国的军队已经抵达了武安，在武安西边扎营列阵，战鼓如雷。秦军这是早就防着赵军救援了。

有一位军官，觉得自己说话有点分量，给赵奢提建议："赵将军不如先救援武安。"赵奢让士兵把他拖出去斩首。赵奢的军队，坚守营地整整 28 天，一直在修筑防御工事。

秦军派间谍来刺探赵军的虚实，而赵奢知道他是间谍，好酒好菜地招待，再把这个间谍送走。

间谍探听了赵奢军营的消息之后，对秦将禀报，赵军并没有赶来救援的意思，赵军离开邯郸 30 里就不走了，在修筑防御工事。秦国的将领们大喜过望，认定赵奢不敢去救阏与。

赵奢放走秦国的间谍之后，下令紧急行军，只用了一天一夜就抵达了离阏与 50 里的地方，紧急修筑营地，刚刚整好防御工事，秦军已经得到消息，全军直扑赵军营地。

这时候，赵军有一个军士许历对赵奢说："将军，大战在前，我可以提点建议吗？"

赵奢说："当然可以。"

许历说："秦军想不到咱们会这么快赶到，肯定是又惊又愤，第一次一定是想直接突破咱们的军营，给咱们当头一击。如果我们不加强纵深配置，恐怕就会被秦军找到一个口子突破，这样全军就完蛋了。"

赵奢说："你说得对，我接受你的建议。"

许历又说："按照您的军令，我应该被处死。"

赵奢说："敢言军事者死，那条命令是在邯郸的时候发布的，现在已经作废。要处死你，不是我现在所能做的，等回到邯郸之后再说吧，要等候赵王的指令。"

而许历一看赵奢真心听取他的意见，于是又提醒赵奢："将军，您看北山，如果控制住北山，就立于不败之地。谁能控制住北山，谁就能取得最后的胜利。”

赵奢看了一下地形，立刻派出一支精锐队伍，抢占了北山的险要地势。

秦军也看到了北山的地理优势，也去争夺北山，结果赵军先占据了地利优势，秦军一时间攻不上去。

赵奢趁机重兵出击，秦军大败，阏与之围得以解除。赵奢得胜回到邯郸之后，赵王赵何封赵奢为马服君，官位跟廉颇、蔺相如相当，任命军士许历为国尉。

秦军在武安、阏与形成了犄角之势，就等着以逸待劳，围点打援。如果赵军来救，半路就被秦军给收拾了，而且道路又远又窄又险。同时也意味着，赵军无法大部队同时到达，而是被拖成一条长长的长蛇阵行军，可以让人家切成好多段，一口一口吃掉。所以，廉颇、乐乘认为这仗根本没法打。

赵奢却是一个有智有勇的人，他说，狭路相逢勇者胜。实际上，不可能真的那么干，秦军也不会在路上挡着，而是会在路两侧设伏，到时候赵军肯定丢盔卸甲。

所以，赵奢刚出邯郸不到 30 里就扎营，相当于根本就没有离开邯郸，给秦军造成的感觉是，他不敢去救，就是做个样子，做给赵王看的。

等到秦军松懈，赵奢就一天一夜急行军去救援，迷惑了秦军。在秦军不知道的时候到达战场，顺利完成部署，等到秦国来攻，立刻转攻为守，化劣势为优势。而且赵奢的位置还很巧妙，离阏与 50 里，让秦军跑过来，体力也消耗得差不多了，而赵军正好以逸待劳。

狭路相逢勇者胜，勇者相逢智者胜。做任何事，需要的是有勇有谋，而不是蛮力。在别人不敢干，比拼勇气的时候，你能站出来力挽狂澜；在别人打不开局面的时候，你能用智慧化解，这才是持续的成事之道。

完璧归赵：
兵来将挡，水来土掩

 门道

该来的困难，迟早会来，躲也躲不开。始终选择逃避困难，并不是好办法。要有“兵来将挡，水来土掩”的决心和能力，正面交锋，才有战胜困难的可能。

公元前 283 年，赵王得到了楚国的一个宝贝，就是和氏璧。

秦昭襄王听说之后，心里痒痒，提出来一个想法，要跟赵王交换这个宝贝，拿 15 座城池来交换。

对赵土来说，这也是一个很大的诱惑，毕竟 15 座城池，那可不是 15 车金银珠宝，而是很大的一块地盘。

赵王眼馋那 15 座城池，想交换，但是又怕是秦昭襄王的圈套，因此一直很犹豫。

但是，秦国强大，拒绝秦国这个强者的好意，恐怕会招来强者的不满和敌意，还想不想好好过日子了？

这真是一件让人烦恼的事，赵王很想跟秦国交换，但是秦国向来没有什么信誉可言。赵王担心受到秦国的欺骗，到时候和氏璧被骗走了，自己还拿不到 15 座城池，又丢宝贝又丢人。

于是，赵王就问廉颇和蔺相如：“秦国想用 15 座城池来交换和氏璧，你们觉得要不要跟秦国交换呢？”

蔺相如说：“秦国愿意用 15 座城池来交换和氏璧，大王如果不同意，那就是咱们赵国理亏。如果咱们送出和氏璧，秦国不给咱们 15 座城池，那就是他们秦国理亏。权衡一下利弊，我建议，咱们应该答应秦王的要求。把这个理亏的后果，让秦国来承担。我愿意带着和氏璧，前往秦国。如果秦王不肯割让 15 座城池，我保证一定把这和氏璧，给您送回来。”

赵王也没有更好的办法，看蔺相如很自信的样子，于是就同意了蔺相如的请求。

赵王回复秦王，同意秦国拿 15 座城池来交换和氏璧，并且委派蔺相如做护玉使者，前往秦国完成交换事宜。

蔺相如到了秦国之后，献上和氏璧，发现秦昭襄王就是一个劲儿地夸和氏璧多好，只字不提交换 15 座城池的事。

蔺相如这时候明白了，秦王这是打算空手套白狼啊！根本就没有交换城池的想法，只是想把和氏璧骗到手。

蔺相如顿时灵机一动，上前对秦昭襄王说：“大王，这块和氏璧还有一处小瑕疵，我得指给您看一看，这么好的宝贝，得多加小心。”

秦昭襄王信以为真，又把和氏璧还给了蔺相如，蔺相如拿到和氏璧之后，立刻翻脸：“大王，我看您就没有跟我们赵国交换城池的想法，您如果真的想交换，那您得把仪式感给做足了，昭告天下，我才会再把和氏璧还给您。您如果想硬抢，我宁可摔碎也不会给您的。”

秦昭襄王一看，没办法了。如果硬抢的话，蔺相如会把和氏璧给砸了，那反而得不偿失，这么好的东西被毁坏了，那真是一种罪过啊！

于是，秦昭襄王同意了蔺相如的请求，准备第二天焚香祷告，然后举行盛大的交接仪式。

结果，第二天，蔺相如一个人来到了秦昭襄王面前，对他说："不好意思啊，和氏璧我已经连夜送回赵国了。现在货您也看了，如果您真的想要，麻烦您先把 15 座城池交给赵国，我们接收城池之后，和氏璧自然会双手奉上。您如果不想交换，那就算了，就算您杀了我也没用。"

秦昭襄王觉得蔺相如这么有骨气，居然敢这么戏耍自己，杀了他也毫无意义。于是，秦昭襄王就把蔺相如礼送出秦国。

而蔺相如回到赵国之后，得到了赵王的赞赏，给蔺相如升职为上大夫，这就是"完璧归赵"的故事。

完璧归赵是中国历史上很著名的阳谋典故。秦昭襄王想用 15 座城池，去换赵王手里的和氏璧，其实是对赵国的一次试探。此时的赵国是秦国东进的最大阻碍，从这次交锋中可以看出：

一、秦昭襄王拿 15 座城池来换和氏璧，显然是想看看赵国有没有跟自己叫板的底气。

如果赵国没有这个底气，就会乖乖地把和氏璧送过来，进行交换，就算被骗了，也不敢恶意讨要。

这时候，秦国也就知道了，赵国实在虚弱得很，可以进一步欺负。

二、弱国无外交。对弱国赵国来说，没有拒绝秦国的勇气，只能答应秦国的交换条件。

三、赵国明明知道，这是秦国的圈套，但是也不得不踩进去，秦昭襄王这是摆出来架势，我就给你玩阳谋，看你上不上钩，你不上钩，我正好可以找个理由打你，你要上钩的话，那和氏璧就真的被骗走了。

但是，赵国的应对也不简单。赵国首先是答应跟秦国交换。如果秦国拿到和氏璧之后，不交换 15 座城池，那是失信于天下。如果秦国真的换 15 座城池，那秦昭襄王岂不是失信于百姓，岂不是对不起战场上拼命的士兵？把这个“皮球”踢给秦昭襄王，让秦国自己来做选择。

这个时候，秦昭襄王自然也不会选择用和氏璧来交换 15 座城池，这本身就是一个试探赵国的举动。所以，蔺相如把和氏璧送回赵国，秦昭襄王也没有必要为难蔺相如。

当然，蔺相如的做法非常冒险。我们可以做一个后续的博弈假设：如果秦昭襄王扣下蔺相如，让赵王拿和氏璧来换，赵王该怎么办？

赵王用和氏璧来交换蔺相如，那和氏璧就彻底留在了秦国。可要是赵王宁可留着和氏璧，也不去交换蔺相如，那就失去了人心，也失去了蔺相如这个人才。赵国的大臣们会觉得，在赵王眼里，我们还不如一块破石头……这种后果，也不是赵王所能承受的。

然而，历史没有如果，秦昭襄王并没有这样做，他的目的已经达到，了解到赵国有对抗的充分准备。

蔺相如的完璧归赵，勇气与随机应变，缺一不可，成就了一次精彩的阳谋交锋，不仅让秦国正视赵国，还留下了千古美名。

将相和：
被人针对，怎么以退为进

门道

被人针对，不必第一时间选择针锋相对，以退为进反而能占据舆论高位。退不是别人进一步，你就退一步，而是有目的退让。一边后退，一边厚积薄发，积累自己的优势。

公元前 279 年，秦昭襄王邀请赵王在渑池见面。在渑池会上，秦王强迫赵王为他鼓瑟，蔺相如则要挟秦王为赵王击缶，成功找回了面子。

回到赵国之后，赵王第一件事就是给蔺相如升职，升为上卿，比廉颇的地位还要高。

这样一来，廉颇不高兴了。

廉颇叫嚷着："我是赵国的大将，攻城略地，给国家立过功，流过血，负过伤，出过汗，蔺相如这么一个出身卑贱的人，就靠着一根舌头，却比我的地位还要高。这算什么？这是我的耻辱，我不愿意比他的位置还要低。"

廉颇发牢骚还不够，还扬言说："别让我碰到蔺相如，若碰到他了，我一定给他点颜色看看。"

蔺相如听说了廉颇的话，不愿意跟廉颇碰面。朝会的时候，或者是赵王召集开会，总是称病不去，避免跟廉颇发生冲突。毕竟，因为职位高低引起争执，只会让人看笑话，蔺相如还是要顾全大局的，这正是蔺相如的聪明之处。

蔺相如偶尔在路上遇到廉颇的时候，也赶紧远远地躲开，离廉颇远一点儿。

蔺相如的随从们觉得愤愤不平，蔺相如是一个上卿，居然还怕廉颇一个大将，为此感到羞愧和耻辱。

有随从对蔺相如说："您的官位比廉颇大，干吗要躲着他呢？"

蔺相如说："难道你们真以为我怕廉颇吗？我问你们，你们觉得廉颇和秦王比，谁更可怕？"

随从们回答说："自然是秦王更可怕。"

蔺相如说："就算是秦王在我跟前，我也敢当众呵斥他，羞辱他的部将，我就算水平差点，还是有勇气和胆气的。你觉得我会怕廉颇将军吗？我为什么要躲着廉颇将军呢？要知道，秦国之所以不敢大规模发动军队来攻击赵国，最主要的原因是有我和廉颇将军两个人坐镇。如果我和廉颇将军起了冲突，必然引发朝堂内乱，这对赵国来说，也不是好事。所以，我宁可被人当作胆小鬼，躲着廉颇将军，也要把国家大事放在第一位，把私人恩怨放在第二位。更何况，我跟廉颇将军又有什么私人恩怨呢？"

这些话传到廉颇耳朵里，他顿时醒悟，脱掉自己的上衣，露出脊背，背着荆条，来到蔺相如家门口，请求蔺相如原谅自己。

蔺相如和廉颇从此成为刎颈之交，这就是将相和的故事。

我们很多人都觉得自己读懂了将相和的故事，蔺相如以大局为重，也赢得了廉颇的敬重，两个人上演了一段千古佳话。

但是，如果你仔细想一下，这个故事里其实有很多谋略思维。

首先，赵王给蔺相如升职，有奖励蔺相如的意思，毕竟蔺相如在渑池会上，给领导争了脸，这是其一。其二，赵王也有敲打廉颇的意思。

在渑池会之前，廉颇送蔺相如和赵王到了赵国边境，廉颇对赵王说:“您这次跟秦王进行高层会谈，往返不会超过 30 天。如果您 30 天之后还没有回来，我就拥立太子继位，断绝秦国拿您来要挟赵国的可能。”

赵王同意了廉颇的想法。赵王固然是同意了，如果你是赵王，臣子这么说，你心里能舒服吗?

所以，赵王给陪着他赴渑池会的蔺相如升职，之所以比廉颇的位置还要高，很明显，这里面既有奖励蔺相如的表面意思，也有敲打廉颇的潜在意思。

从廉颇的视角来看，蔺相如陪着赵王去高层会议转了一圈，回来就给蔺相如升职了，位置比自己还高。廉颇带着军队，辛辛苦苦从邯郸大老远跑到渑池，又马不停蹄地护送赵王回来，没有功劳，好歹也有苦劳吧，居然啥好处都没给。

所以，廉颇心理不平衡，觉得受到了不公平、不公正的待遇。

廉颇表面上是针对蔺相如，说蔺相如不配有这么大的功劳，实际上是在向赵王表达他的不满:蔺相如没干什么事，还有那么大的奖励，我干事了，一点儿功劳都没有，这太不公平了。

所以很明显，廉颇挑衅蔺相如，也是在表达对赵王的不满。

蔺相如面对廉颇的挑衅，应对方式非常高明。

惹不起你廉颇，我还躲不起你吗？蔺相如处处忍让，就算在路上碰到了也赶紧绕开，离他远远的，避免跟廉颇正面发生冲突。

可是，老躲着也不是办法，怎么办呢？借随从的口，把自己的话说出去。

我蔺相如是以大局为重，所以不跟你一般见识。如果你再这么针对我，那就是不顾赵国的安危，不顾大局了。

廉颇如果还不识趣，继续针对蔺相如，那就是失道寡助了，大家也不会支持他的，也没人敢支持他了，他就会被大家孤立，赵王那里也说不过去，在赵国恐怕就没有立足之地了。

所以说，蔺相如的谋略思维是非常高明的，看起来是退让，又何尝不是把廉颇架在火上烤呢？

就像蔺相如这样，任何人都可能遭遇针对，如何处理这种棘手问题，需要冷静思考。与其针锋相对，不如以退为进。用迂回的方式，让自己立于不败之地。

第五章 识人

能让多少人追随，就能成多大的事

千金买骨：求贤若渴，更要货真价实

门道

优秀的人才，凭什么帮你？很多人求贤若渴，诚意十足，可是并没有多少人跟随。或许是因为诚意够了，待遇还不够。千里马常有，而伯乐不常有，能把千里马喂饱的伯乐更是罕见。

公元前311年，燕国人赶走了齐国军队，远在赵国的质子姬职，由赵武灵王护送回国，成为新的燕王，这就是燕昭王。

此时的燕国已经千疮百孔，先是内乱，又被齐国军队洗劫一空。在燕昭王身上，复兴强大的愿望十分强烈。他发愤图强，慰问死者的家属，安抚失去亲人的孤儿寡母，跟百姓同甘共苦，更是用超高规格的待遇招贤纳士，希望可以让燕国重新走向富强。

这一天，燕昭王对相国郭隗说：

“齐国这帮强盗，趁咱们国家内乱，大举侵略，抢夺燕国的财物，这个仇不能不报，我跟齐国不共戴天。但是，我也知道，燕国是一个小国，力量太有限了，根本没办法找齐国报仇。所以，我希望可以得到有才能的人来相助，我要跟有才能的人一起治理国家，希望将来有朝一日，可以洗去我们燕国所受的羞辱。您作为相国，如果您发现有这样的奇才，一定要推荐给我，我愿意心甘情愿侍奉他。”

郭隗听了，对燕昭王说：“我给您讲一个故事吧。”

燕昭王点点头。

郭隗接着说：“从前，有一个君王，他渴望拥有一匹千里马，于是派他的随从带着千两黄金，去各地搜罗。但是，这个随从却带着一匹死掉的千里马回来了，而这匹死掉的千里马，居然花了500金。这个君王顿时怒火冲天，指责这个随从乱花钱，一匹死掉的千里马，怎么能值这么多钱呢？这个随从给君王解释，死掉的千里马，咱们还出这么高的价钱，那活着的岂不是更贵？请大王相信，用不了多久，千里马就会送到您跟前。果然不到一年的时间，这个君王就得到了3匹千里马。您明白这个故事的意思吗？”

燕昭王听了摇摇头。

郭隗继续说：“大王，如果您真的想招贤纳士，请贤能之人来帮助您治理国家，那么，您需要一匹死掉的千里马。所以，我请求您，把我当作一匹死掉的千里马，用我来帮您传播爱才的美名，让比我更贤能的人都愿意来为您效力。”

燕昭王听了恍然大悟。

于是，燕昭王给郭隗建造了大房子，并且把他当作老师一样，毕恭毕敬地对待。

这个消息很快传遍了天下，各国的有才之士，纷纷来到燕国，其中包括魏国的乐毅、赵国的剧辛、齐国的邹衍……燕昭王一番考察之后，任命乐毅担任上将军，主持燕国的朝堂大局。

燕国是一个小国，实力可以说是比较弱小的，这一次差点让齐国给灭了，甚至齐国已经全盘占领了燕国，如果不是齐军顶不住燕国人四处叛乱，以及诸侯的干预，可能燕国就此消亡了。

燕昭王上任之后就面临百废待兴的局面，通过“千金买马骨”，招揽了很多重要的人才前来效力，燕国也日渐强盛。

想要吸引优秀的人才帮助自己，首先要放低姿态。一个高高在上的人，别人是不会过来受气的，尤其是很多人才都心高气傲，本身就有脾气，更难以跟另一个脾气更大的人相处。

其次要懂得树立榜样。千金买马骨，其实就是一个树立榜样的故事。在故事中，那个君王的随从用千金买死马，买一匹死马就是做广告，死马都这么贵，活马肯定会更贵。这个广告，发挥了巨大的作用。

求贤若渴是一种态度，“千金买马骨”则是真给好的待遇，这样才能形成一种口碑传播。愿意跟你一起做事的、来帮助你的人，能真真切切地得到礼遇，人才就会越来越多地聚集在你身边。

孟尝交友：只看大局，不问私心

当一个人向你提建议时，应该只看大局，不问私心。只要他说得好、说得对，哪怕他是为了一己私利，也应该充分听取。

著名的战国四公子之一的孟尝君，曾经访问楚国。

当时楚怀王非常仰慕孟尝君，打算送给孟尝君一张象牙床，还安排“包邮”到家，他安排大夫登徒直把象牙床护送到齐国。

可是，登徒直不想揽这破差事，想把这事给推掉。楚怀王那边是没得商量了，他只能从孟尝君那边下手。只要孟尝君不收这张象牙床，就不用护送了嘛！

这叫解决不了问题，就把制造问题的人解决了。

于是，登徒直找到孟尝君的门客公孙戌。他对公孙戌说：“楚王送给孟尝君的象牙床价值千金，楚王安排我来护送，万一有所损坏，我就算把老婆孩子都卖了，恐怕也赔不起呀。你能不能想个办法，让我把这个破差事推了，最好是让孟尝君拒绝象牙床，这样我就不用去护送了。我祖上传下来一把宝剑，削铁如泥，事成之后，愿意送给你作为答谢。”

公孙戌看了登徒直的宝剑之后，非常喜欢，于是决定帮助登徒直。

公孙戌找到孟尝君，说：“公子，我有一言不吐不快！说出来又怕您不高兴，您说我该不该说？”

孟尝君自然是礼贤下士，赶忙说：“先生有话尽管说。”

公孙戌一看，心道“有戏”，于是接着说：“为什么很多小国都愿意把相印给您，让您来兼任他们国家的国相呢？这是因为您能够帮助他们，在他们遇到危难的时候，有亡国之危的时候，您能够伸手帮他们一把。大家之所以这么做，是敬佩您是一个有仁有义的人，仰慕您的清廉。但是，您现在到了楚国，第一次跟楚王见面，就接受楚王的象牙床，这是多么贵重的礼物。那您这样的朋友，别的小国恐怕结交不起啊。他们也没有这么贵重的礼物呀！恐怕会对您敬而远之了。”

孟尝君听了，觉得公孙戌说得很有道理，这有违自己的做人原则。毕竟，对孟尝君这种身份的人来说，名声才是一切啊！

于是，孟尝君对公孙戌说：“你说得很对。我接受你的批评意见！明天见到楚王，我就把象牙床推掉！”

公孙戌看到孟尝君答应了，知道登徒直的祖传宝剑很快就可以到手了，脸上露出了笑容，走路的时候，身体都轻快了很多。

公孙戌没走几步，孟尝君又把他喊了回来。

孟尝君问他：“你为什么跟平时走路不一样呢？大步前进，神采昂扬，你是遇到了什么喜事吗？”

公孙戌一看露馅了，连忙老老实实地向孟尝君请罪：“公子，对不起，我之所以让您拒绝楚王的象牙床，是因为我贪图登徒直的宝剑。”

但是，孟尝君听了事情的原委之后，并没有处罚公孙戌，而是让人在门板上写了一个告示：凡是能够帮助我传播美名的事，或者能够制止我犯错，指出我过失的人，就算他的建议是为了得到别人的好处，也没有关系。我只管对我有什么好处，不管你得的什么好处。

孟尝君是一个能够认真听取他人意见，让自己不断强大的人。只要别人提的意见，对他是有利的，哪怕对方别有用心，孟尝君还是能够接纳他人的意见。

诗经中说，有两种菜，有的只能吃叶子，有的只能吃根，不能因为它们其他部位不好吃，就不要它们了。

这就是有容乃大，取其所长。别管公孙戌的初心是什么，对孟尝君来说，能够帮他传播美名，就是一件好事，他就能听得进意见。孟尝君喜欢那张象牙床吗？当然喜欢，但是，他更在乎自己的名声。面对巨大的利益诱惑，一定要能够放下，只要有好名声在，你还愁没有利益吗？但是，如果你名声坏了，你的利益也就不能持久，只会越来越少。

君子论迹不论心，当有人向你提出建议，无论他是否有自己的私心，有自己的利益，只要这个建议对你有利，就应该适当听取。

商鞅入秦：
眼见为实，不可偏听偏信

门道

识人是一门技术活儿。当有人向你说某个人的好或坏时，不可全信，也不可不信。一定要真正接触后，再由自己下判断。

公元前 362 年，秦魏大战，魏军统帅、相国公叔痤被秦人活擒，而魏国通过谈判的方式，把公叔痤救回魏国。

公叔痤一大把年纪了，遭受了耻辱般的失败，加上身体状况又比以前差了很多，心里是又急又气又羞，很快便一病不起，眼看就要不久于人世。

这个时候，魏惠王作为老板自然是要来探望一下自己的相国，顺便问问公叔痤，万一哪天他走了，谁能当他的接班人。

魏惠王问公叔痤："你走之后，谁来接替你的位置呢？"

公叔痤对魏惠王说："我府上有一个中庶子，叫卫鞅，虽然年轻，但是一个奇才，可以担当这个大任。如果我死了，我希望魏王可以把国家托付给他，让他带领魏国继续往前走。"

魏惠王听了之后，沉默不语。

很显然，公叔痤说的不是他想要的答案，不是他心目中的人选。

同时，卫鞅这个名字对他来说还是比较陌生的。

如果真的按照公叔痤的说法，把卫鞅扶持到主持魏国大局的位置，这不仅仅是越级提拔的问题了，简直是让卫鞅坐上火箭一步登天了。随便举荐一个不知道从哪儿冒出来的人，这不符合魏惠王的心理需求。

魏惠王要的是朝堂相权的稳定过渡，绝对不是要让魏国朝堂出现动荡。

公叔痤看魏惠王一脸的不情愿，又说："如果您不愿意用卫鞅的话，我希望您一定要把他给杀掉，千万不要让他跑到其他国家，成为咱们的敌人。"

魏惠王听了，脸上露出很不屑的表情。

公叔痤一看，魏惠王不听自己的，还想继续劝说。魏惠王赶忙安抚说："好的，好的。我听你的就是了。你可以放心了。在家好好休养吧，说到底，魏国这艘大船，我还是愿意交给你这样的老臣子稳住大局的。"

魏惠王的意思也很明显，肯定不会用卫鞅这样的小年轻，嘴上没毛，办事不牢嘛！

魏惠王很快就离开了公叔痤的府上。

公叔痤看到魏惠王离开，马上把卫鞅找来，说："我刚才向魏王推荐了你，但是看魏王的意思，是不想重用你。所以，我又建议他，如果不重用你，就杀了你，不能让你跑到其他国家。你赶紧离开吧。"

卫鞅听了，并没有害怕，而是断言道："既然魏王不听您的话重用我，又怎么可能听您的话杀了我呢？"

卫鞅的淡定反映出超于常人的洞察力。

而魏惠王出了相国府之后，对身边的人说:“公叔痤真是病糊涂了，真是太可怜了！想让我把国家交给卫鞅治理，又劝我把卫鞅杀了，这不是前后矛盾吗？”

等公叔痤去世之后，卫鞅并没有马上离开，而是在公叔痤的府上待了一段时间之后，这才离开魏国，赶往秦国，见到了秦孝公。

后来，卫鞅被秦孝公重用，获封商地，人们就改称他为“商鞅”。

商鞅这样一个改变战国格局、促成秦国大一统的关键人物，以这样奇怪的方式从魏国流失到了秦国。

有人可能会说，魏惠王不懂识人，看不出商鞅的能力。这样的说法或许没错，可是当时魏惠王根本就不认识商鞅，又哪里能得知他有什么能力呢?

如果公叔痤把商鞅早早介绍给魏惠王，一点点从基层做起，加上公叔痤的扶持，商鞅也许有机会。可是历史没有如果，无论出于什么样的原因，公叔痤是在病重之际，才把商鞅的名字说出来。

魏惠王面对一个陌生的年轻人的名字，自然是不信。当然，他错就错在，没有听公叔痤的话，把商鞅找来面试，而是主观判断公叔痤完全病糊涂了。

这个故事的启示是，对于一个人的人品、能力等，一定要你自己接触，才能得出准确的结论。旁人的评价始终是参考，不能轻信，也不能不信。

魏无忌窃符：想做成事，先找对人

想做成一件事，找对人是关键的第一步。无论是找合伙人，还是找工作，抑或是找下属，人不对，事不成。有些人只注重“向上社交”，其实某些时候，能办成事的还真就是平时不起眼的人。

魏国公子魏无忌“仁而下士”，有几千门客跟他混。

在魏国大梁城北门，有个守门的官员叫侯嬴，家庭贫苦，70 岁还工作在第一线。

魏无忌在家中摆酒设宴招待宾客，等大家坐好之后，他驾起车，空出左边的尊贵位置，前往大梁城北门迎接侯嬴。

侯嬴穿着破衣，戴着旧帽，上车也不谦让，直接坐在左边的尊位上。

魏无忌手里握着缰绳，态度愈发恭敬。走到半路，侯嬴对魏无忌说：“我有一个朋友，在前边不远处的市场卖肉，麻烦你顺道从市场过一下，我去探望他一下。”

魏无忌二话不说，驾车前往闹市。

到了市场之后，侯嬴下车跟他的朋友朱亥旁若无人地聊起来，没完没了，把魏无忌晾在一边。

而魏无忌始终恭敬地在旁边等着侯嬴，侯嬴一边跟朱亥聊天，一边观察魏无忌，发现魏无忌是真心待自己，真的是礼贤下士，这才跟朱亥告别，跟着魏无忌去赴宴。

到了魏无忌家之后，魏无忌请侯嬴上座，并且对在场的宾客们说:“给大家介绍一下，这是大梁城的隐士侯嬴，是一个有德行的高人。大家鼓掌欢迎！”

在座的宾客，虽然不认识侯嬴，但都被魏无忌这种礼贤下士的行为所折服。

公元前258年，秦国的军队包围了赵国的邯郸，眼看邯郸就要朝不保夕。赵国的平原君赵胜不断派出使节，一个接一个来到魏国，向魏无忌求救。

因为赵胜的妻子是魏无忌的姐姐，有这么一层亲戚关系，说话也不客气，向魏无忌抱怨:“我之所以敢借着姻亲的关系来麻烦你，那是我知道，你是一个有高义的人，向来急人之所急，现在我们邯郸被秦军包围了，说不准哪一天就要被攻破。而你们魏国却迟迟不来救援。你就算看不起我，不把我当回事儿，难道你连你姐姐也不管了吗？等到秦军攻破邯郸，你姐姐也会跟着倒霉。”

魏无忌自然也想去救他的姐姐，屡次请求魏王下令大将晋鄙攻击秦军，解救邯郸。

但是，魏王早被秦王吓住了，死活不同意，而魏无忌没办法，又发动大臣、宾客等各方势力，动用在魏国的影响力，来游说魏王。然而魏王态度很坚决，坚决不去招惹秦国。

无计可施的情况下，魏无忌只好集结他所有的宾客，带上 100 辆战车，准备前往赵国，宁愿战死，也不愿意在魏国苟活。

等魏无忌带着人马路过大梁城北门的时候，看到了侯嬴。

侯嬴问魏无忌："公子这是带人去哪里？"

魏无忌告诉侯嬴："我要去赵国，帮助赵国解围。"

侯嬴听了，摇摇头，对魏无忌说："好吧，公子好自为之，我就不跟着去了。"

魏无忌一看侯嬴不愿意跟自己去，也没有多想，就带着人马离开了。毕竟侯嬴 70 岁了，带上他反而还耽误事。这是去救人，又不是去旅游。

但是，魏无忌越想越不对劲儿。他觉得侯嬴不应该说这种话，侯嬴听到自己的行动之后，摇头不已，也没有说几句客气话。魏无忌觉得，侯嬴跟自己关系也不差，为什么侯嬴不挽留自己、规劝自己呢？

于是，魏无忌驾着车又回到北门去见侯嬴。

侯嬴看到魏无忌回来了，对魏无忌说："我就知道您还会回来。您现在的处境很糟糕，您的想法一定是跟秦军拼上一拼。但是，您这么做就像拿肉去砸饿虎一样，又有什么效果？意义在哪里？"

魏无忌拜了两拜，请侯嬴为他指点迷津。

侯嬴示意魏无忌把身边的随从支开，说："我听说调动晋鄙的兵符就在魏王的卧室里，而魏王最宠爱如姬，只有如姬才可以把兵符给偷出来。而您曾经帮如姬报了杀父之仇，如姬说就是为您赴死也不会有怨言，公子不如去找一找如姬，请如姬帮个忙，这样兵符就到手了。您带着兵符就可以顺利拿到兵权，有了军队，再去救赵国，打败秦军，这就是直追五霸的功业呀！”

魏无忌听了侯嬴的办法之后，点点头，立刻去联系如姬，果然拿到了兵符。

临走的时候，侯嬴又给魏无忌出主意：“虽然说您带着兵符，跟晋鄙的兵符也能对得上，如果晋鄙拒绝交出军队，他说需要向魏王请示，到时候一来耽误时间，二来您的事情就会败露，咱们就白折腾了。所以，我建议您带上我的朋友朱亥，他是有名的大力士，让他跟您一起前往晋鄙的军营，如果晋鄙听话，乖乖交出兵权，那就皆大欢喜，如果晋鄙不交兵权，那就让朱亥把他杀死。”

于是，魏无忌带上朱亥出发了。到了晋鄙的军营，核对兵符之后，晋鄙心里起疑，双手一摊，看着魏无忌说：“我奉大王的命令，率领大军驻守边境。公子您一个人，就来接替我的位置，这种军国大事，是不是有点儿戏了？”

晋鄙的言外之意是，得向大梁那边确认一下。

这时候，魏无忌给旁边的朱亥使眼色，朱亥拿出袖子里藏着的40斤铁锥，照着晋鄙头上猛的一击。晋鄙万万没有想到，自己只是一句怀疑，就惹来了杀身大祸，瞬间死在铁锥之下。

魏无忌召集军中的校尉，重新调整军队，下令说：“父子都在军队中的，父亲回魏国；兄弟都在军中的，兄长回魏国；没有兄弟的独生子，回魏国奉养父母。”

就这样挑出来8万人，魏无忌带着人向邯郸挺进。最终，与赵、楚军大破秦军，解了邯郸之围。

在危急时刻，魏无忌为什么赢得了侯嬴、朱亥的帮助呢?

还是那四个字——仁而下士。魏无忌作为魏国公子，跟任何阶层的人交往都以礼相待，是他赢得他人追随的重要因素。侯嬴是一个看大门的，魏无忌能驾着车亲自去接他，还说是家里摆好了酒宴，缺少一位最尊贵的客人，所以才来请侯嬴。

有些人拥有某些地位后，便眼高于顶，比他地位高的人就恭敬相待，比他地位低的人就爱答不理。这是一种非常功利的社交方式。其实，你不知道自己哪天会需要身边“小人物”的帮忙，把姿态放低，才能收获各行各业的友谊。

田单解裘：善人之善，扬人美名

门道

当你身边的人做出优秀的成绩，应该发自内心地去赞扬他，不嫉妒，反而要帮他宣传美名。要知道，懂得成全别人的美名，也是在成全自己。

燕国大将乐毅率领军队攻打齐国，一路攻城略地，拿下 70 多座城池。齐国只剩下两座城池的时候，一个管理市场的小官田单挺身而出。

田单主导了即墨保卫战，一直跟燕国耗着。不久，一向宠信乐毅的燕昭王病逝，新立的燕惠王与乐毅不合。田单便派人去散布乐毅造反的谣言，致使燕惠王猜疑加深，乐毅逃去赵国。

后来，田单以火牛阵大破燕军，收复城池，复国成功。田单将齐襄王接回国都，因功劳很大，齐襄王封他为安平君。

有一次，齐襄王和田单外出视察，路过淄水的时候，看到有个老人在寒冷的天气下，从水里蹚过去，上岸之后冻得浑身发抖，蜷缩在岸边不能动。

田单赶忙把自己身上的皮袍解下来，给老人穿上。

齐襄王在不远处看到这一幕，自言自语："田单，施恩于人，小恩小惠，以后恐怕齐国也要成他的了。如果不早点动手，恐怕后悔莫及呀。"

齐襄王说完这段话之后，顿时意识到不妙，赶忙看了看旁边有没有人。结果他发现，在不远处的台阶下，有一个穿珠子的人。

齐襄王把他叫过来，问："你刚才听到我说的话了吗？"

穿珠人回答："听到了。"

齐襄王很意外，他以为这个人应该会否认，没想到直接承认了，这个人有点意思啊！

于是，齐襄王问他："你认为我说得对吗？"

穿珠人可以说命悬一线，然而他很干脆地说："大王您忌惮田单爱护百姓的善行，您不如利用他这种善行，来宣扬您的名声。您可以当众表扬他，让大家都知道您也是这样爱护百姓的君王。"

穿珠人这一招高明啊，用现在的话叫蹭流量。

齐襄王听了之后，觉得非常有道理，穿珠人这条命算是暂时保住了。

于是，第二天上朝的时候，齐襄王向大臣们通报田单照顾过河老人的好人好事，对田单进行了表扬。

齐襄王接着说："我担心齐国的百姓忍饥挨饿，田单就把自己家的粮食拿出来给百姓吃。我担心百姓缺衣受冻，田单就把皮袍穿脱下来，给一个过河的老人穿上。田单这样的大臣，是齐国官员学习的榜样，也是我学习的榜样，希望大家都向田单学习，做一个爱百姓、爱君王的好臣子、好官员。"

穿珠人这个计策非常有道理,《资治通鉴》的原话是这样说的:“单有善而王嘉之,……单之善亦王之善也。”

这句话意思很直白,田单有善行,你就嘉奖他,田单的善行也就相当于您的善行。

穿珠人的计策效果很不错,超越了齐襄王的预期。很多百姓听说之后,也都称赞齐王是一个明君。正是因为有他这样的君主,才会有田单这样的臣子。

又过了一段时间,穿珠人又来见齐襄王,对齐襄王说:“等到朝会的时候,您不如把田单招到跟前,向田单表示感谢,对田单进行慰劳,感谢他深入民间,解决百姓的疾苦。然后颁布通告,在全国寻找那些无依无靠的百姓,收养他们。”

而齐襄王照办之后,接着没过多久,齐襄王听到百姓这样议论:“田单之所以对百姓这么好,原来是大王这么教导他的呀。”

面对在自己面前出风头的下属,齐襄王的第一反应是猜忌。他会觉得田单越位了,把他该做的事情都给做了。不过在经过穿珠人的提醒后,齐襄王醒悟过来,对田单的行为进行大肆表彰,让更多的人向他学习。

大家这才逐渐认识到田单的做法,是能得到正反馈的。同时,也会明白齐襄王的格局。对齐襄王来说,不如表扬田单,让更多的人向田单学习,这样就相当于分化了田单的影响力,对田单的声望有了制衡,做好事的官员多了,还能扩大整个团队的影响力,让整个团队的氛围都变得更好。

可以说，齐襄王这一招借力打力，顺势而为，做得非常不错。

在一个团队里，无论是谁“出了风头”，哪怕是你的下属，你也要表彰他的行为。只有表扬好的行为，你的团队中愿意做好事的人才会多，你的团队才会有蒸蒸日上的气象，才会更加强大。

好人有好报，好报才会带来更多的好人，管理团队，跟人相处，都是一样的道理。

孟子见魏惠王：仁义在前，利益在后

门道

如果没有仁义，只有利益争夺，一定是残酷而不留情面的，往往会造成双输的局面。有仁义才会有持续的利益，人们才会心向一处，共同努力，不断把事业做大。

秦国和魏国打仗，结果魏国大败，割让了大片土地。从此，魏国和秦国之间，只隔着一条黄河。魏国都城安邑就在黄河边，魏惠王便觉得很不安全，心里没底，于是迁都大梁，也就是今天的河南省开封市。

公元前336年，邹国人孟轲，就是我们所说的孟子，来大梁拜访魏惠王，两个人之间发生了一段有意思的对话。

魏惠王见到孟子之后，一开口就直奔主题："老先生跋涉千里来到我们魏国，请问你是不是带来了好消息？对我们国家有什么好处吗？"

孟子说："你怎么把利益挂在嘴边呢？我所追求的只有仁义。在我这里，只有仁义。如果一个国君，整天念叨着什么对你们国家有利，你的公卿大夫整天惦记着什么对他的家族有利，你的百姓们整天念叨着什么对其自身有利。你们魏国从上到下都把利益当作目标，为了利益而相互争夺，你们国家就危险了。我走南闯北，从来没有听说一个有仁德的人，会抛弃他的父母，忘掉他的亲人。我也从来没有听说过一个充满道义精神的人，一个守义的人会把他的君王忘在脑后。”

魏惠王听了，点点头：“你说得好。”

意思就是，魏惠王根本没听进去孟子的建议，随便敷衍了两句。在魏惠王看来，孟子说了一堆大道理，对他一点儿意义都没有，对他的国家没有利益，自然也没有听进去。魏惠王需要的是人才，需要的是可以拿来就用的方法策略，而不是孟子讲的仁义道德。

但是，孟子的仁义道德就没用了吗？

关于仁义这个课题，孟子曾经跟自己的老师子思讨论过。

孟子问老师：“教育民众第一件事，需要做的是什么？”

子思是这样回答的：“先让民众追求利益，为百姓谋福祉，提升人们的生活幸福指数。”

孟子继续提问：“难道教化民众，不应该是先让他们追求仁义吗？您为什么会有这种先追求利益的主张呢？”

子思回答说：“仁义才是最大的利益。君王的仁义就是要给人民谋福利。君王如果不讲仁义，百姓就没有办法过太平的日子。官员如果不讲仁义，百姓也会有样学样，大家都崇尚诈骗、争斗，这就成了最大的不利。《易经》中说，利者，义之和也。就是说，利益是仁义最后的目标。但是，只有追求利益，才可以让大家生活安定，培养大家更高的品德，安身，以崇德也。这才是最大的利益。”

关于这两段对话，司马光在《资治通鉴》里是这样总结的：

子思、孟子的话看起来好像意思不对，好像意思是相反的，一个追求仁义，一个追求利益，实际上这两个人的意见是统一的，意思是一样的。只有仁义的人知道仁义才是最高的利益，不仁不义的人就不知道这一点。

简单来说，你琢磨别人的利益，你手下的人、你的下属、你的亲信、你的心腹，也会琢磨你的利益。如果你是老板，你的高管琢磨你的利益，你的中层管理者，你的员工也琢磨怎么最大限度获利，大家都在琢磨利益。

大家往往就会为了利益发生争夺，可能是一个多输的结局，因为蛋糕就那么大。

谈利益也不能只谈利益。否则，如果人人开口都只问“对我有什么好处”，就会造成彼此争夺、内耗。要把自己置身在整个团体之中，要琢磨大家的利益，要琢磨怎么把蛋糕做大，大家都能多分一点。

同时，想让马儿跑，就得让马儿吃得饱，不能让一个人饿着肚子听你讲仁义。所以，子思说：“先利之。”既要有短期、眼前的实际利益，还要有长期的“仁义”。

鸡鸣狗盗：知人善任，用人所长

门道

高明的管理者善于发现每个人的长处，用其所长，容其所短。所谓金无足赤，人无完人，每个人都有自己的优点和缺点，只要这些问题不涉及底线，把合适的人安排到合适的位置上，才能人尽其才。

公元前 299 年，秦昭襄王听说齐国的公子孟尝君是一个贤能的人。于是，他把王弟泾阳君送到齐国充当人质，交换孟尝君田文到秦国。

田文来到秦国之后，受到了秦昭襄王的热烈欢迎，秦昭襄王摆酒设宴招待孟尝君田文。而孟尝君田文也很识趣，很懂礼节，给秦昭襄王送上了一件狐白裘。秦昭襄王看到这么稀有的东西，也是非常喜欢，大家皆大欢喜。

接着，秦昭襄王跟孟尝君聊了起来。就这么一聊，秦昭襄王发现，孟尝君田文是一个很贤能、很有才华的人，风度翩翩，又是一个贵公子，还颇懂人情世故。

秦昭襄王产生了让孟尝君做秦国相国的想法，等孟尝君离开之后，就跟大臣们商量：“你们觉得孟尝君田文这个人怎么样？”

大臣们都说：“这是一个很贤能的人，很有才华。”

秦昭襄王说：“我想让他做秦国的相国，你们觉得怎么样？”

这时候，大臣们都不愿意了。

有人就说了：“大王，万万不可。田文是齐国人的贵族子弟，您让他做秦国的相国，万一他背地里使坏，那岂不是把秦国带到沟里去吗？”

秦昭襄王听了之后，很快想明白了其中的关键，孟尝君田文有能力、有人脉，关键是手下还有那么多门客，他如果做了秦国的相国，恐怕秦国对齐国来说就没有秘密可言了。

于是，秦昭襄王说：“那还是算了吧，让他在咸阳待一段时间，就让他回齐国去吧。”

但是，有个大臣却说：“大王，不能把他放回去，他在秦国已经待了一段时间了，估计也掌握了一些秦国的机密。您如果把他放回去了，那岂不是放虎归山吗？恐怕对咱们秦国不利呀！不如把他杀了吧。”

秦昭襄王听了之后，觉得这个大臣说得很有道理。于是，让人把孟尝君先给软禁起来。

孟尝君被软禁之后，知道秦王可能会杀掉自己。正在他一筹莫展的时候，门客中有个人站出来对孟尝君说：“我有一个计策。秦王最宠爱燕姬，我们可以利用这层关系，让燕姬给秦王吹吹枕边风，放公子回齐国。正好我在秦国有这个关系，可以跟燕姬说上话。”

孟尝君赶忙让这个人安排，去走一走燕姬的关系。

但是，燕姬作为秦昭襄王最宠爱的妃子，自然也不是那么容易被收买的，一般的宝物人家还看不上眼。燕姬表示，想让我帮忙也可以，但是我想要一件跟秦王一模一样的狐白裘，你如果能给我搞来一件，我就帮你这个忙。

孟尝君又被难住了，原来那所谓的银狐狸皮袍，就那么一件，已经送给了秦王。

孟尝君把门客们召集起来开会，看看应该怎么解决这个问题。大家也没有什么主意，毕竟已经送给秦王了，找什么借口也要不回来了。

这时候，有个门客站出来对孟尝君说："我有办法能把这件皮袍给弄回来。"

当天夜里，这个门客就装成一只狗，进入了秦宫，把狐白裘偷了出来。

那位宠姬得到狐白裘后，便为孟尝君向秦昭襄王求情。秦昭襄王给孟尝君下发了通关文书，让他离开秦国，回齐国去。

孟尝君接到通关文书之后，立马收拾行装，带着门客匆匆离开咸阳，马不停蹄地往函谷关跑去。

然而，秦昭襄王很快清醒过来，马上意识到不能让孟尝君这么跑了，派人赶紧去追他。而孟尝君带着门客，一路日夜兼程，风尘仆仆，很快来到了函谷关，那时天还没有亮。

按照秦国的规定，只有鸡打鸣之后，函谷关的大门才能打开，放人出行。

正在焦急的时刻，另一位门客站了出来，对孟尝君说："公子，让我来试一试吧。”这个门客就捏着鼻子，学起了鸡叫。他这一叫，函谷关附近的鸡都跟着叫了起来。

守关的人以为到了规定的时间，赶紧把城门打开，放他们走了。一大早，追孟尝君的秦兵果然追到了函谷关，当知道孟尝君已出城后，才不得已回去了。孟尝君就这样逃出了秦国。

鸡鸣狗盗这个成语略带贬义，但讲的是一个知人善任的故事。结交朋友、管理者用人不能讲“洁癖”，要懂得包容不同的人，哪怕是这些人身上有不同的小毛病。当然，这些小毛病应该在底线之上。

古人说：“天下无粹白之狐，而有粹白之裘，取之众白也。”天下没有一只纯白的狐狸，但是有洁白无瑕的衣服，是因为用了很多白狐狸的毛发。意思是说，天下没有一个完美的人，如果他做事完美，就是借用了很多人的智慧与能力。

有的人才可能在这方面不擅长，但是在另一方面就很擅长，用人一定要有用人所长。还要讲究多元化，有的人才性格怪异，有的人才习惯异于常人，这都没关系，不拘一格才能聚拢起越来越多的人。

燕太子丹与嬴政：朋友发达，不要主动往前凑

人和人之间的交往，总是动态发展的，不可能一成不变。在漫长的岁月里，有的人越过越好，有的人可能越来越差。过得差的人总想着去找条件好的朋友，期待帮衬一把。殊不知，当你们身份地位差异越来越大，关系似乎也在随之改变。

荆轲刺秦的故事，为国人所熟知。荆轲受燕国太子丹所托，前往秦国，刺杀嬴政。不过，这段著名故事发生之前，燕国太子丹跟嬴政的关系居然还不错。那么，是什么导致后来两人要你死我活呢？

原来，太子丹在赵国做过人质，而嬴政则出生在赵国，二人年轻时关系非常不错。后来秦国与赵国发生长平之战，嬴政的父亲嬴异人和吕不韦逃离赵国，留下嬴政在邯郸东躲西藏。而太子丹作为人质，境遇也好不到哪儿去。

两个落魄年轻人惺惺相惜、抱团取暖，很正常。

再后来，太子丹又被父亲派往秦国做人质，此时的嬴政已经贵为秦王。或许正是因为嬴政和太子丹过去关系不错，太子丹才会被派来当人质，就算捞不到好处，总能继续培养感情吧？太子丹心里

想，当年在邯郸一起穷开心，患过难，如今嬴政作为秦王，应该会照顾他。

没想到的是，嬴政对太子丹很不客气。太子丹觉得自己看错了人，没想到嬴政这家伙翻脸不认人。所以，太子丹觉得在秦国做人质，不但没有什么好处，反而还受到嬴政的不友善对待，只好逃离了秦国。

太子丹因此心存怨恨，归国后一直寻求报复嬴政的办法。不过，他还没等来办法，反而等来了秦国军队。

在他逃离秦国后的 5 年内，秦军一路攻城略地，接连攻下韩国、赵国，兵临易水，在燕国边境上虎视眈眈。

而太子丹通过田光认识了侠士荆轲，对他礼遇有加，说服荆轲刺杀秦王。荆轲同意刺秦后，迟迟没有动身，太子丹着急了，催促荆轲赶紧去秦国。

荆轲也有自己的想法，说：

“我去秦国是咱们商量好的，我一定会遵守承诺。但是，咱们拿什么来取信嬴政呢？如果不能取信嬴政，根本就没有近距离接触嬴政的机会呀！我有这样一个想法，我希望得到樊将军的人头，还有燕国督亢的地图献给秦王，这样秦王一定会亲自接见我，我就有机会帮你报仇了，也能够报答您对我的知遇之恩。”

太子丹说：“樊将军走投无路来投靠我，我怎么能让他去死呢？我不忍心这么做。”

于是，荆轲一个人去见樊於期，说：“樊将军，秦王跟您的仇恨不浅，您的父母宗族都被杀没了，只剩下您一个人，孤苦伶仃，流落国外，他还重金悬赏您的人头，您连个立锥之地都难找，您可怎么报仇呢！”

樊於期听了，痛哭不已：“先生您说得太对了，这也是我日夜苦恼的事情，我想找嬴政报仇，却没有机会了！我每天晚上闭上眼睛就会想到我的亲人，先生有什么想法尽管说，只要能够帮我报仇，我就是死也愿意！”

荆轲接着对樊於期说：“我有这么一个想法，我听说秦王悬赏将军的人头，又是赏金又是封地，我希望可以把将军的人头献给秦王。秦王听说我拿到了将军的人头，必然会愿意接见我，我靠近他的时候，左手拽住他的袖子，右手拿着匕首，直接往他身上捅，这样将军的仇就可以报了。”

樊於期认可荆轲的想法，说：“您说的正是我日日夜夜都在梦想的场景！希望您能遵守承诺，杀死嬴政，替我报仇！”

于是，樊於期自刎而死。

太子丹听说之后，跑到樊於期家里，伏在他身上痛哭。事已至此，只能砍下樊於期的人头，用盒子装起来。

公元前 227 年，荆轲到达咸阳，结交了嬴政的宠臣蒙嘉，姿态很低，态度谦卑，用重金贿赂，希望蒙嘉做中间人，跟秦王牵上线：荆轲带着樊於期的人头和燕国督亢的地图来见。

秦王嬴政大喜，召集大臣，以九宾之礼来接待荆轲。荆轲作为名士，带着满满的诚意来投靠自己，这就是天命所归，一定要大力宣传。

荆轲捧着地图，接近秦王嬴政，地图缓缓展开的那一刻，匕首露出来了。这时候，荆轲已经靠近秦王嬴政，拽住秦王的袖子，抓紧匕首就要往嬴政身上捅。

秦王一看，猛地往后一退，把袖子都给扯断了。荆轲一看嬴政失控了，就追着嬴政不放，而嬴政被追得绕着柱子躲来躲去。

周边的大臣们一个一个也都非常着急，但是也没有办法，为什么呢？这是秦法的规定，不让带着兵器上朝。

这时候有个大臣就喊道："王负剑，负剑。"嬴政这才反应过来，自己身上是带着剑的。于是，后退一步，拔剑砍向荆轲，荆轲的左腿被砍，倒在地上。荆轲一看没机会了，只能扔出匕首，却没有击中嬴政，荆轲知道自己刺杀失败了，骂道："我之所以没有成功，最主要的原因是想活捉你，想跟你订立契约来回报太子。"

随后，荆轲被当场处死。

嬴政有惊无险，自然也是大怒，立刻给将军王翦增加兵力，全力讨伐燕国。

太子丹在秦国做人质，觉得嬴政是自己的故交，被冷遇后恼羞成怒，引发了后面一连串的刺秦等事件。

其实，从嬴政的角度来说，也情有可原。首先，两个人地位不一样了，过去都是人质，现在嬴政贵为秦王。其次，嬴政在邯郸寄人篱下、受尽欺负，他以秦王的身份不愿意回忆那段糟糕岁月。可是一个曾经一起挨欺负的人，老在眼前转来转去，他能有好脸色吗？

太子丹不懂一个道理：朋友发达后，我们尽量不要主动往上凑。因为你无法确定对方有没有变，对方还是不是你之前的那个老朋友，是不是品行、心性都没有变化，是否还在意你们当年的友情。没弄清楚这些，就大大咧咧走过去拥抱对方，请对方喝酒，很容易会被“打脸”。

人穷时，可以共患难，人富时，不一定能齐享福。

第六章 说服

真诚为上，一句顶一万句

乐毅伐齐：
搞定盟友，比搞定敌人更容易

门道

想要完成一个目标，搞定敌人或目标之前，要先搞定盟友，切忌单打独斗。搞定盟友的关键在于：有共同目标，别人才愿意跟你抱团，有合理利益分配，别人才能用心出力。

公元前318年，苏代从齐国出差回到燕国。

燕王姬哙在朝会上问苏代：“你觉得齐王田辟疆，有没有成为霸主的可能？”

苏代听了摇摇头，说：“肯定没有这个可能！”

燕王姬哙一听，有些疑惑：“为什么你会这么说呢？”

苏代说：“因为齐王不信任他的臣子。”

燕王姬哙恍然大悟，越来越重用自己的相国子之。然而，苏代和子之是亲家关系，这一番话不得不令人觉得另有所图。

没多久，又有人跟燕王姬哙说，不如将国家禅让给相国子之。人们都说唐尧贤圣，就是因为他要将天下禅让给许由，许由不接受。唐尧得到天下的美名而没有失去天下，大王您如果也将国家让给子之，子之肯定不敢接受，您就跟唐尧一样了。

燕王姬哙果然听信，下令：中高级官员的印信全部交给子之，由子之来安排人选。这时候的燕王姬哙，早已经年老糊涂，不管大事小事，什么事也不管，完全把国家交给了子之，不把太子姬平放在眼里。

而子之执掌朝政 3 年，致使燕国大乱。燕国的高级将领市被跟原太子姬平，两个人不服子之当燕王，于是合伙谋反，攻击子之。

正当姬平组织党羽，奋力进攻王宫的时候，市被不知道什么原因，又改变了主意，不支持姬平了，反而攻击姬平。整个燕国陷入了大混乱。几个月的时间，死难居民达到数万人。

这时候，齐宣王宣布出兵帮燕太子姬平夺回君位，率领“五都之兵，北地之众”浩浩荡荡进入燕国，干的却是灭亡燕国的事。不仅杀了子之，还抓了姬哙和太子姬平，最终全部杀掉。

所幸，秦、赵等国诸侯，要求齐国撤出燕国，又从赵国护送公子职入燕即位为王，即燕昭王。这就是燕昭王与齐国的恩怨，等到有能力报仇时，齐国已经进入了齐湣王时代。

公元前 285 年，齐湣王灭掉宋国之后，四处惹是生非。燕昭王始终没有忘记，当年齐宣王在燕国烧杀抢掠的罪行，这一国耻始终记在心里。他当年招贤纳士，燕国经过多年的发展，已经称得上国富民强。

终于到了报仇雪恨的时候了，燕国上下看到齐湣王如此的盲目自大，觉得报仇的时机终于来了。

于是，燕昭王问他当年重金请来的贤臣乐毅：“如何才能报当年的仇？”

乐毅说:“齐国是一个强大的国家，当年齐桓公曾经称霸诸侯。他们的实力很强大，实力没有大的损耗。他们齐国地大人多，咱们燕国想单独跟他掰一掰手腕，恐怕差点意思。大王如果一定要找齐国报仇，不如咱们约上赵国、楚国、魏国，大家一起动手。这样一定可以报当年的仇。”

燕昭王听了之后，非常赞成乐毅的想法。

于是，乐毅出使赵国，派其他使者出使楚国、魏国，并委托赵国再去联络秦国，承诺大家发兵之后的利益分配。而诸侯们早就看齐湣王不顺眼了。

大家一拍即合，争先恐后参与乐毅的谋划，一起讨伐齐国。

那么，灭齐的联军是如何形成的?

一、提前分配利益。

联军在济水西岸打败了齐军，齐国军队被消灭大部分之后，乐毅请秦军、韩军回去，这两个国家跟齐国不搭界，土地没有挨着，所以不贪恋齐国的土地，但是，他们抢了一大批金银财物回国了，算是出兵的军费，两个国家都有好处，皆大欢喜。

接着，乐毅请魏国占领刚刚被灭的宋王国地盘，对于魏国来说，这是好事啊。睢阳几乎挨着魏国国都大梁，那不就是扩大了地盘吗?所以，魏军也离开了，去抢占胜利果实了。

而赵军呢，则是前往夺取齐国的河间地区，就是河北献县一带，在邯郸东边 100 多里。而乐毅干掉了齐国的主力军队之后，亲自带领燕国的远征军，深入齐国国土。

这就是他们的利益分配，在联军形成之前，已经有了具体的划分。

二、抱团对强敌。

大家都眼红齐国这块肥肉，本身就是有利益的事，大家很容易一起抱团对抗强敌，还能瓜分强敌的地盘，自然都愿意积极主动参与。

三、解决潜在威胁。

对于韩、赵、魏、楚、燕等国来说，齐国的军力确实比他们强大，如果不解决齐湣王这个疯狂的国君，恐怕他们国家也会跟着遭殃，所以干脆解决掉齐湣王，解决了东边的威胁以后，再对上西边秦国，好歹没有后顾之忧，这也是一次联盟的尝试。如果大家早这么联盟，秦国也不敢随便欺负他们了。

如果你想让别人支持你，一定要学会如何跟别人形成联盟。首先，要有合理的利益分配方案，尤其是要提前分配利益，不要只画大饼。其次，要有充足的“蛋糕”可以分，大家都能吃饱，不能你吃饱了，不管别人饿不饿。最后，解决掉对方的潜在威胁，把你的敌人转换成对方的敌人，把对方的顾虑解决掉，你就更容易说动大家一起跟你做事。

陈筮求援：你越着急，别人越不帮你

门道

怎么求人，效果最好？让别人主动帮你，情愿帮你，他才会出全力。那么，怎样才能让人主动帮忙呢？最重要的是稳住心态，不能着急，你越着急，别人越有可能不帮你。

公元前273年，赵、魏两国组建联军，联合攻击韩国，包围了韩国的华阳，就是现在的河南新郑市北一带。

韩国面临亡国的危险，不得不向老大秦国求救。但是，这次秦国有点不仗义，无视小弟的请求，拒绝救援韩国。

这一下，韩国这边着急了，韩国的相国对陈筮说："事情已经到了非常紧急的地步。你虽然有病在身，但是我还得麻烦你亲自走一趟。好在距离咸阳并不算太远。你辛苦一下，赶紧过去吧。"

陈筮很快来到秦国，去拜访秦国的重臣魏冉。但是，见到魏冉之后，他却沉得住气，没有主动开口求救。

反而是魏冉有点按捺不住，问陈筮："你们韩国现在局势应该很紧急了吧？"

言外之意，连你这么德高望重的人都亲自出马了，你们这是马上坚持不住了吧？

陈筮却摇摇头，双手一摊，无所谓地对魏冉说："您想错了，局势根本不紧急。"

魏冉看到陈筮居然反驳自己，生气地说："你把我当3岁小孩子吗？情况不紧张，还派你来干吗？跟我聊天吗？"

陈筮笑笑说："哪有您说的那样，如果真的逼急了，韩国早就投降赵、魏了，正是因为现在还不算紧急，所以派我来向秦国求救。"

陈筮的话很有意思：如果韩国要向赵、魏投降，根本不用来你们秦国，也用不到我陈筮出马。

魏冉这个时候，终于明白过来，也不调笑了，赶忙说："我们立即发兵。"

于是，魏冉赶忙召集武安君白起、客卿胡阳，立刻发兵救援韩国，急行军8天之后，迅速投入战场，就在华阳这个地区，打败魏军，俘虏3员战将，斩杀13万魏军。接着，白起又带领军队攻击贾偃统帅的赵军，把赵军两万人赶入黄河，解救了韩国之围。

这段故事的经过很简单，赵、魏攻韩，韩国向秦国求救，秦国一开始是拒绝的，但是这时候，相国请陈筮出使秦国，见到秦国的重臣魏冉。

魏冉一开始是看戏的心态，然而陈筮非常沉得住气，摆出的态度很明显：我们不急，逼急了大不了投降，给谁当小弟都是当，损受的是秦国，少了一个小弟而已，没事，别着急救援韩国，我估计还能再坚持坚持。

魏冉这时候意识到，还真不能让韩国倒向赵、魏，于是，立刻发兵。

韩国本来已经成为秦国的小弟，对秦国来说，有没有这个小弟，可能无所谓，但是让这个小弟的资源，被赵国和魏国利用起来，这就是秦国所不愿意看到的结果。

陈筮这一招反客为主，让秦国着急，才是正确的求救策略。如果韩国被灭了，强大的是赵国和魏国，对秦国来说，其实就是损失。毕竟赵国和魏国这是在动他的利益，所以秦国马上就派兵出发了，这正是这个求救策略的底层逻辑。

每逢大事有静气。你越着急，别人越不急着帮你，越会拿捏你。着急的时候自己不能急，更不能把着急表现出来。有事求人之时，想他人之所想，才可能达到自己的目的。

触龙说赵太后：
真诚利他，先人后己

有人说：利他，是最好的利己；而真诚，是利他的基础。当你想说服别人时，如果沟通不顺，或许是因为没有“真诚利他”，没有站在对方的角度，所以迟迟打不开局面。

公元前 266 年，赵惠文王赵何去世，他的儿子赵丹继位，就是赵孝成王，任命平原君赵胜当相国。

秦国看到赵国朝堂新旧交替，趁机攻击赵国，占领了 3 座城池。

这个时候的赵王赵丹刚刚继位，年纪还小，由母亲当权，就是赵太后。赵国扛不住秦国，最终决定向齐国求救。

但是，齐国也是有条件的。齐国说，可以支援，但是你们赵国得把王弟长安君，送来齐国当人质。

赵太后拒绝了这个要求，而齐国自然也不惯着这老太太，到底是谁求谁呢，因此拒绝派遣援军支援赵国。

这时候，大臣们着急了，开始对赵太后晓以利害，告诉赵太后要以大局为重要，牺牲小我成全大我。

赵太后的老太太脾气上来了，宣称：“你们谁再敢提议派长安君去当人质，我这个老太婆可就不给他面子了，别怪我吐他一脸唾沫。”

大家一看，赵太后这老太太发火了，也都不敢去讲事实、摆道理了。

赵王知道他娘这脾气，这是被逼急了，他也不敢去劝。眼看大敌当前，赵老太太如此不顾大局，这可如何是好？

最后，赵国的左师触龙来见赵太后。

赵太后知道触龙来见自己，肯定也是想劝自己，早就准备好怎么反驳触龙。无非是那些话：国家危难之际，将士们出生入死，赵国公子也应该为国出力……

但是，触龙却不按常理出牌。

触龙不紧不慢地来到老太太面前，勉强坐下，开口就谢罪：“对不起啊，我老了，脚也有毛病，很久不见太后了。有时候给自己找点理由，太后身体也不好，也不好打扰您。但是呢，我心里还是想来看看您的。”

触龙的话，化解了赵太后的敌意。

赵太后说：“我现在也不行了，行动不便，出门到哪儿都得坐着车。”

触龙问：“那您饭量怎么样？吃得多吗？”

赵太后说：“饭量也少了，平时只喝点粥。”

两个老人家开始唠家常……而赵太后的怒气也渐渐消了。

触龙见状说：“我有一个请求，我有一个儿子叫舒祺，是家里最小的孩子，也是最不争气的那一个。我现在一把老骨头了，特别疼爱这个小儿子。所以，我今天来见您，是想请您给他安排一个王宫侍卫的职位，让他来保护王宫。今天冒昧来请求，希望得到太后的恩准。”

赵太后这时候心情相当放松，问：“他多大年纪了？”

触龙说：“已经15岁了。年纪虽然小一点，但是我希望，在我还活着的时候把他托付给您。”

老太太听了颇有感触：“原来男人也爱小儿子呀。”

触龙点点头，说：“比女人还要爱得厉害。”

赵太后笑起来，说：“这您就错了，还是女人更爱儿子。”

触龙对赵老太太说：“以我的观察，您爱小女儿胜过爱小儿子长安君。”

赵太后说：“那你就说错了。我实话跟你说，我最爱我这个小儿子。”

触龙说：“不是那样的。我认为作为父母，爱儿女就应该为他们的将来做打算。您把女儿嫁给燕王的时候，您抱着她的脚痛哭，想到她嫁到那么远的地方，心里悲痛不已。您把女儿送走之后，依然是念念不忘。您非常思念她，也不是不想见她，但是，您却经常祈祷，千万不要让她回来，您是怕她在燕国受委屈，希望他们夫妻和睦，替她做深远的打算，希望她的子孙世世代代都可以做燕王。”

赵太后说：“确实是这样。”

触龙接着说：“所以，我问您一个问题。从现在来看，您看看三代以前的那些赵王的子孙，封侯、封君的今天还有几个？还有在位的吗？”

赵太后想了想，摇摇头，说：“没有了。”

触龙接着说：“这就是俗话所说的，近者祸及其身，远者祸及子孙。并不是君王的子孙都不成才，也不是当侯的或者当君的，一定都是坏人。但是为什么他们没有好下场呢？因为他们地位尊贵，但是，对国家却没有什么贡献，待遇优厚，却对国家没有奉献自己的力量。他们只是白白拥有名位和财富，却对国家没有做出任何贡献，对国家没有任何价值。现在看起来，您说爱小儿子，封他为长安君，还把赵国最肥沃的土地作为他的封地，还赏赐给他无数的金银财宝。但是，却不让他为国家做一点事，为国家立功劳。一旦您去世之后，请问他凭什么在赵国立足呢？”

赵太后听了，顿时恍然大悟，对触龙说：“我明白您的良苦用心了，请先生随意安排他吧。我绝不提出反对意见。”

于是，长安君带着为他准备的百辆盛大车队，到齐国充当人质。齐国见到人质到手，也果断出兵救援赵国。

秦军得到消息之后，也就撤退了。

这就是历史上非常著名的“触龙说赵太后”的故事，也是一段经典的说服案例。

触龙说服赵太后的底层逻辑是这样的：

一、先唠家常。问候赵太后过得咋样，让她把气消了，心情逐渐愉悦。心平气和的时候，更容易说服，而不是说两句就吵起来。

二、找共情点。替自己的孩子跟赵太后求情，激发赵太后“爱儿子”的共情，提出父母要为儿女做长远打算，这才是真正爱儿女，而不是溺爱，为接下来的话题做铺垫。

三，真诚利他。触龙用真诚的态度告诉赵太后，如果她真的爱小儿子，就要为他长远打算，让他为赵国建功立业，将来赵太后去世，小儿子还能在赵国立足。

前面两点都算是触龙的沟通技巧，最后一点“真诚利他”才是成功说服的底层逻辑。

真诚永远是任何沟通里的核心，用技巧、用手段只能瞒一时，只有真诚才能让你的话经得起时间的考验。利他是实实在在给对方带来好处，真切地站在对方的角度思考问题，沿着利他原则，你会发现很多难以沟通的问题，其实没那么难。

李斯谏逐客书：
趋利避害，遵从人性

门道

人们做出改变的所有动机，几乎都源于“利”与“害”，这是人性的本能。因此，趋利和避害构成了说服力重要的组成部分，诱之以利，示之以害，才能让别人信服于你。

公元前238年，秦国的嫪毐专权国事，与赵太后淫乱，事情败露后企图发动政变，但被秦王嬴政派兵拿下，判处车裂之刑。随后，将嫪毐进献给赵太后的秦相吕不韦也受牵连，被嬴政赶回封地。

在这个乱象频生的时候，一位宗室大臣提出了一个不靠谱的建议：其他国家的人，来咱们秦国做官的，往往都是为其故国做间谍、做说客，拿着秦国的俸禄，挑拨秦国的上下和谐关系，为的就是让我们内耗，不去征伐六国，请秦王把这些人全部赶出秦国。

言外之意是，嫪毐、吕不韦就是这样的人，秦国的内乱都是这样的人带来的，必须把他们赶出去，用自己人更放心一些。

还在气头上的秦王嬴政，同意了这一项决策。于是，大举搜捕来秦国的其他诸侯的人，把他们全部赶出秦国，客卿李斯也在被驱逐的行列。

楚国人李斯年轻时，在郡里担任小吏，某次看到身处厕所和粮仓中的老鼠有着不同的境遇，感叹环境对人的影响太大。他立刻动身离开，师从荀卿，学习治理天下的学问。学成归来后，六国衰微，只有秦国一家独大，他丝毫不犹豫，西行到秦国这个最大的平台。

李斯在秦国被吕不韦赏识，又因得到向秦王进谏的机会，被任命为客卿。此时的他，一身抱负还未施展，就要被驱离出境，实在是不甘心。

于是，李斯连夜写了一封信给秦王嬴政，就是著名的《谏逐客书》。

在这封信里，李斯是这样说的：

从前，秦穆公招揽贤才，从西方的戎部落把由余给挖过来了，从东方的宛城得到了百里奚，从宋国挖来了蹇叔，从晋国得来了丕豹、公孙枝，正是因为有这些贤才的鼎力相助，秦穆公吞并了 20 个封国，称霸西戎。

秦孝公任用卫国的卫鞅变法，让诸侯一个一个都来朝贺，国家因此复强。

秦惠文王时期，用张仪的谋略，瓦解六国的合纵联盟，迫使各国服从秦国。

秦昭襄王时期，因为魏人范雎的帮助，加强了王权，削弱私人势力，让秦国更加强盛。

这几位君王，他们能够取得成就，完成伟大的功业，都是因为借助了外部人士的力量和智慧。从这一点来说，来秦国的这些客卿没有对不起秦国的地方。

女色、音乐、珠宝，这些东西秦国都不出产，大王都一一收集起来进行享用，偏偏对其他诸侯的人才拒之千里。不管是好是坏，不管是对是错，不是秦人的一律驱逐出秦国，大王这是看重女色、音乐、珠宝而轻视人才呀！

泰山因为不躲避尘埃，所以如此高大；大海因为不拒绝细流，所以成就如此深度；帝王因为不排斥人才，所以才能创建伟大的功业。

正是因为这个缘故，三皇五帝能够号令天下，能够让天下臣服。如今的情况是，大王把人才都赶到其他诸侯国，把人才用来资助敌国，把人才送到别的君王面前，替别的君王建功立业。这等于是把粮食借给盗贼，把武器送给强盗啊！

秦王嬴政看过李斯的《谏逐客书》，顿时醒悟过来，赶忙叫停了逐客令，把李斯喊回来，恢复了他的官爵。而李斯这个时候还没出咸阳六环，就被召回了。

这一封千古留名的信，写得逻辑严密，说服力十足，用“秦国因外部人才而强大——今天逐客不利于秦强大——会使敌对国强大”这一逻辑结构进行了劝说。

主要分两个核心部分：

一、事实胜于雄辩，先摆事实。先说明秦国为什么这么强？借助各国人才的力量。这一过程也是在不断暗示秦始皇的身份与目标，你是比肩秦国历史上伟大君主的人，你能做出比他们更大的事业。

二、告诉秦王嬴政逐客的后果。人才流散到别国，既强大敌人，又削弱自己。这是更大的利益诱惑，哪怕这些人才中有间谍，爱搞破坏，留在秦国也要比去给别国效力更好。

李斯不仅逻辑清晰，更了解秦王嬴政真正在乎什么。在自己即将被驱离，多年抱负付之东流之际，李斯的信里没有任何感情流露，他知道走感情路线，对于一个拥有雄心壮志的帝王是行不通的。

因此，他通篇讲的都是“天下”，紧紧抓住嬴政的“需求”，冷静分析逐客的利害，成功打动了秦王嬴政。

茅焦劝谏：不讲道理，只讲后果

门道

常言说，良药苦口利于病，忠言逆耳利于行。不是每个人都能听得进去道理，甚至很多道理明明知道，也不愿意去做。当你想说服别人的时候，少讲空洞的道理，反而更有效果。

公元前 238 年，嬴政正式亲政，有人向他禀报，说太后与长信侯嫪毐的不法之事。在嬴政着手调查时，嫪毐先发制人，调动军队打算攻占秦王居住的宫殿。

经过一番战斗，嫪毐失败逃走，被秦王兵卒捕获。嬴政下令车裂嫪毐，诛灭其整个家族，而且还杀死了太后与嫪毐生的两个小儿子。

嬴政不能直接杀掉太后，便将她软禁在雍城棫阳宫。可是，幽禁母亲，毕竟是件大逆不道的事情，许多大臣纷纷表达反对意见。

嬴政根本不听大臣的劝谏，下令说："谁再敢给我提及太后的事，立刻斩首，砍断四肢，扔到宫门之外。"结果，前后有 27 个进谏的大臣，被勒令处死。

一时间，没有人再敢进谏。然而，一个叫茅焦的客卿站了出来，上书说："儿子囚禁母亲，天地翻覆，这是什么道理？"

也许嬴政看到这句后都气笑了，为什么都死了27个人，还有不怕死的呢?

于是，嬴政派人问茅焦:“难道你没有看到宫门外，那27具尸体吗?”

茅焦说:“自然看到了，我听说天上有28星宿，现在秦王才杀了27个，加上我正好凑够28个。我可不是怕死的人!”

那些跟茅焦同住的客卿，一听这话，赶紧收拾行李，全都逃离秦国。而嬴政听到使者汇报后，大发雷霆，吩咐手下，招茅焦进宫，再准备一口大锅，打算把他煮了。

就这样，嬴政坐在高堂上，手里握着宝剑，等着茅焦前来送死。

茅焦慢慢悠悠前来，侍卫催促他赶快进殿，他说:“我都是快死的人了，就不能让我慢点吗?”连使者都于心不忍。

到了嬴政殿下，茅焦磕头行礼，然后说:“有生命的人，不会忌讳谈死，有国家的人，不会忌讳谈灭亡。忌讳谈死的人，也并不会得以长寿;忌讳灭亡的人，也并不能让国家长久生存。生死存亡的事，英明的君王，一定会急于了解。大王，您是不是愿意听一听呢?”

嬴政说:“行，你继续说吧。”

茅焦说:“忠臣不讲阿谀奉承的话，明君不做违背世俗的事。现在，大王的作为非常荒谬，如果不对大王讲明白，就是辜负了大王。”

嬴政说:“你到底想说什么?”

茅焦说:“天下尊敬秦国，不仅是因为秦国强大，还因为您是英明的君主。现在，您车裂假父，杀死两个弟弟，把娘亲幽禁起来，屠杀劝谏的忠直大臣，我觉得就算是夏桀、商纣这样的暴君，也不会这么残暴，您这种行为一旦传遍天下，恐怕再也没有人敢来秦国为您效劳了。我真是为大王您感到担忧啊，我的话说完了！”

说完之后，茅焦解开衣服，走出大殿，准备接受嬴政的惩罚。

嬴政听后，深受震动，亲自走下大殿，扶起茅焦，说：“先生，请您把衣服先穿上，我愿意接受您的忠告。”

茅焦进一步劝谏说：“以前来劝谏大王的人，都是忠臣，希望大王厚葬他们，别寒了天下忠臣的心。秦国正图一统天下，大王更不能有幽禁母亲的恶名。”

嬴政叹口气，说：“以前那些大臣都是在指责我，没有人讲出统一天下的道理。您今天的话，我哪里有不听的道理？”

于是嬴政下令，厚葬那些被杀死的大臣，亲自率领车队，把太后接回咸阳。而茅焦也被嬴政封为上卿，留在秦国。

嬴政说，之前劝谏的大臣都是在指责他，没有一个能讲出这件事造成的负面后果。因此，那些劝谏的人全都被杀了，而茅焦没有对嬴政说什么伦理道德，没有说什么你娘生你养你多么辛苦，紧紧围绕着“天下人不愿归顺，一统天下会被耽误”的后果，成功说服了嬴政。

有时候，在我们想给别人提建议时，要看对方的接受程度。有些人听不进去道理，可以试试“只讲后果”，甚至讲坏处，通过这种方式让对方认识到危害性，达到说服的目的。

黄歇赴秦：
共赢思维，各取所需

门道

说服别人，不是强词夺理，不是把自己的观点强加于人，而是要有“共赢思维”，大家都是为着同一个目标而努力，按我这个方法来，对我有利，对你也有利。

公元前 273 年，秦国从魏国割了一块土地，气势正盛，于是准备派白起率领韩、魏两国军队，一起攻击楚国。

白起还没有出发，就遇到了意外。原来楚国的使者黄歇，正好来到了咸阳。

黄歇很清楚楚国绝对抵挡不住三国联军的压力，几乎要面临亡国之灾。他赶紧请求面见秦王，劝说秦王放弃攻打楚国。

黄歇的开头就是一句“危言耸听”，说物极必反，如今秦国的地盘非常大，占据了西边和北边，从有国家以来都没有这样的事。接着，黄歇叙述了天下大势：

“我们楚王非常佩服秦王的博大胸怀，甘愿作为秦王麾下的一棵小草。楚国与齐国接壤，是切断反秦国家合纵阵线的重要力量。如今大王您派盛桥到韩国做相国，盛桥把韩国的土地割让给秦国，所以，您不动一兵一卒，就可以轻松得到百里土地。这是大王您的威名所带来的。

“大王出兵攻打魏国，包围魏国的大梁城，魏军其他地方的军队却不敢去救援，任由您夺取河内、燕邑、酸枣、虚邑、桃邑等地，这也显示了大王您的显赫战功。

“又过了两年，大王您再发动攻击，魏国的很多地方不得不屈膝投降，接受大王您的领导，成为大王您的臣民。接下来，大王您又占领了濮磨的北部，这是进入齐国的要害之地（齐国的腰部边境），切断了楚国和赵国的联络中枢。可以说，五国的合纵同盟，已经被您给瓦解了，大王已经威慑天下、举世无双了。”

这一段话，不仅是恭维秦王的功绩，也是在描述“物极必反”的情景。

接着，黄歇列举了前人功败垂成的案例。他说，狐狸珍惜它的尾巴，过河的时候把尾巴翘得高高的，不想被打湿了，但是它要过的河太宽了，举到河中央的时候，它已经举不动了，尾巴最终还是要被打湿。意思就是，很多事情刚开始做的时候往往容易，越往后越难。

吴王夫差信任勾践，出兵攻打齐国，回来的路上被勾践击败。智伯联合韩、魏两家攻击赵家，结果韩、魏反过来联合赵家，将智氏家族击败。

黄歇表示，如今表面上韩、魏两国已经屈服，听从秦国指挥，这跟吴王夫差信任勾践是一样的。这两个国家无非是为了一时安全，欺骗秦国罢了。这么多年来，韩、魏的父子兄弟接连死于秦将之手，恐怕已经有十代人了，这是难以磨灭的世仇。所以，韩、魏不灭亡，会是秦国社稷的忧患。

黄歇这一招“转移矛盾”，将祸水引到韩、魏两国。他的话还没完：

“大王，请问秦国打算从哪条路进攻呢？是不是要向仇敌韩魏借路？恐怕从秦国大军出动的那一天起，您就要担心他们会不会一去不复返了。如果您不向您的仇敌借路，秦军只能进攻随水西岸，那是一片不毛之地，悬崖绝壁，寸步难行，那里只有大山、大河、山林、溪谷，如果您打算从那里打楚国，大王您只有攻打楚国的名，但是却并没有得到实惠。

“最后，您得到的是一场恶战，而魏国和齐国却得到了实际的土地利益。等到战争结束，恐怕大家的位置就要换过来了，到时候齐国、魏国都变成强国，而秦国会因为元气大伤，也会变为弱国。”

在这一番高谈阔论的结尾，黄歇给出了自己的提议：

“我为大王您考虑，不如与楚国交好，秦、楚合作，共同去攻打韩国，韩国必然束手就擒，投降秦国。大王控制崤山的险要地形，韩国就成了秦国的藩属国。到时候，大王再出兵帮助韩国守住新郑，魏国就要时刻面临您的兵锋，而魏国的地盘也会被分开，陷入混乱，魏国也会成为您的藩属国。秦、楚两个大国联手，再向齐国索要土地，大王您的领土贯穿西海、东海，纵横天下。

秦王被这一番言论所打动，让白起停止准备攻楚的行动，和楚国签订友好条约，从此两国 20 多年没有发生大规模军事战争。

黄歇劝说秦王分为几个层次，首先说秦王的伟大，诉说秦国的辉煌成就；其次警告秦王防止意外，意外就是韩、魏这两个有世仇的国家；最后给出提议：秦、楚联合，强强联手，称霸天下。

黄歇一直站在“秦、楚共赢”的思维下，去说服秦王。秦国联合小国去攻打楚国，结果就是两败俱伤，小国趁机崛起；而秦国与楚国联盟，则能让秦国逐渐蚕食中原，越来越强大。这就说中了秦王的痛点，最终被打动。

第七章 借势

鱼乘于水，鸟乘于风，向天地借势

赵王割地:
他人之力，可以成事

不要在孤立无援时与人对抗，学会借势，借助别人的力量，壮大自己的声势。乘风才能破浪，天时、地利、人和，一切都能为我所用。

公元前260年，秦国与赵国因为争夺上党，在长平一带发生大战。期间，赵国用赵括替换廉颇，导致赵军大败，秦将白起乘胜追击，取得巨大胜利。赵国则在很长一段时间里，元气大伤。

对于赵王来说，他打算遵守与秦国签订的城下之盟，割让6座城池给秦国，准备办理交接手续。

这时候，虞卿对赵王说:“大王，秦王攻击咱们，是因为他打不动了，这才撤退。如果他还有力量继续打咱们，您觉得他们会撤退吗?难道他们撤退，是因为想跟咱们和平相处吗?”

赵王摇摇头，对虞卿说:“自然是他们打不动了。”

虞卿对赵王说:“大王，既然我们可以肯定这一点，秦国一定是打不动了才撤退的。但是大王却想给他们6座城池，这相当于他们没有打，就得到了6座城池，那等于是白给他们，只是在强大敌人，帮助敌人攻击自己。等到明年秦国缓过气来，再打咱们，咱们就更没救了。”

赵王这个时候犹豫不决，对虞卿说：“我再考虑考虑。”

确实需要考虑，毕竟跟秦国这样的强者毁约，那是需要付出代价的，也是需要魄力和策略的。

正好一个叫楼缓的人来到赵国，楼缓曾经在秦国做过相国，对秦国自然也很了解，对赵王来说，也是一个听取多方意见的方式，楼缓的意见绝对有极大的参考价值。

赵王就找到楼缓，把虞卿的想法跟楼缓说了说，想听听楼缓的意见。

楼缓的一番话，着实吓住了赵王，楼缓是这样说的：

“虞卿只看到了对赵国好的一面，没有看到对赵国有害的一面。赵国跟秦国打生打死，天下各国诸侯都在旁边看戏，为什么呢？因为他们想借着强大秦国的东风，向被削弱的赵国下手，都想趁火打劫。

“所以，对大王您来说，现在应该迅速跟秦国割地求和，让大家以为秦赵已经和好了，其他诸侯就不敢打赵国的主意了。不然的话，您已经跟秦国成了死敌，如果周边的诸侯趁着赵国疲惫，来进攻赵国，大家一起瓜分赵国，恐怕赵国就要彻底亡国了。您那个时候，哪里还有机会谈什么割地不割地的事？”

虞卿听说了楼缓的建议之后，赶忙来找赵王，说：

“楼缓这个计谋，让人听了害怕，割地给秦国，秦国一定不会满足，将来还会来再打咱们，但是却会让诸侯怀疑咱们赵国的立场。以后咱们再遇到问题，他们就会更加不肯援助咱们，怕咱们跟秦国合伙坑他们，这样赵国就更加孤立无援。再说了，您割地又怎么能让贪婪的秦国满足呢？割地只能显得咱们赵国懦弱无能。”

虞卿给出一条计策，他的建议是，就算要割地，也不能给秦国，还不如拿这6座城池来交好齐国。而秦国跟齐国，本身就有深仇大恨，秦国一定会以为赵国投靠了齐国，自然会主动来议和。当赵国与秦国缔结盟约后，韩国、魏国等也会尊重赵国，一个行动，获得了最少3个国家的友谊。

赵王听了之后，非常认可虞卿的想法，于是派他去齐国，跟齐王商量一起应对秦国的办法。

虞卿还没有回到赵国，秦国的求和使者已经来到了邯郸。

楼缓听到消息，赶忙溜走了。而赵王封给虞卿一座城池奖励他，作为他的食邑。

这个计策有几点值得称赞之处：

一、对赵国来说，败了不可怕，就算再败，也无所谓，但是秦国就一定能再胜吗？秦国也是因为实在打不下去了，这才撤兵的。如果秦国还要再打，那它跟赵国恐怕就是两败俱伤，只会给其他诸侯国机会，恐怕秦国也不愿意看到这样的局面。

二、赵国割地给秦国，等于帮秦国磨刀。秦国的刀磨得多快，赵国死得就有多快。所以，还不如割地用来结交自己的盟友，拉拢盟友。虽然也不一定管用，但是，总比给敌人强。

三、面对强敌，你的软弱、退让，没有任何的意义，唯有强大起来，唯有自强，你才会有盟友，才会有人愿意支持你，才能拉拢别人跟你一起对抗强敌。敌人的敌人，不一定是朋友。但是，你可以跟敌人掰手腕，你就会有朋友。毕竟有人的地方就有利益，就有竞争。强者以势压人，弱者怎么办？可以借势应对！这就是赵国的策略。

这个道理，在职场和其他很多场景，都可以应用到。有些人、有些事，我们惹不起，但可以借势应对。失败并不可怕，被敌人吓住才可怕。只要你敢跟对方对抗，就有可能获得支持。

毛遂自荐：关键时刻，往前走一步

门道

在许多人的一生里，关键时刻只会出现那么几次。一定要懂得，在人生的关键时刻，主动向上走一步。这一步，比很多人走十年都要远。

公元前258年，秦昭襄王派兵攻打赵国。赵王赵丹只好派平原君出国求救，这一次如果无人来救援，赵国很有可能就守不住了。

平原君赵胜，是“战国四公子”之一，养了很多门客。他准备选20个能力出众的门客，随他一起到楚国求援。

但是，选来选去，只选出来19个人，就差一个人，始终选不出来。

平原君摇摇头，准备放弃，19个就19个吧，这个时候去楚国毕竟是做大事的，宁缺毋滥。

此时有一个人主动站了出来，他叫毛遂。

毛遂对平原君说：“公子，我有一个人可以推荐，他文武双全，智谋过人，口才了得。”

平原君问：“先生推荐的这个人是谁呢？”

毛遂自信地说:“正是在下。”

有句话说得好,一个人要想有平台、有机会,要学会勇敢地站出来,向别人推销自己,这才是好的开始,毛遂就是这样。

当然了,并不是说你站出来,别人就会相信你,平原君对毛遂的看法也是如此。

平原君问:“先生来我这里几年了?”

毛遂说:“3 年了。”

平原君说:“我觉得,一个有才能的人,在大家的眼中,就好像一个锥子放在口袋里,马上就会显现出来。但是,先生在我这里 3 年,我从来没有听身边有人称赞过您,我也没听说过您,恐怕先生没什么本事,还是请您留下吧。”

平原君说得很客气,很有修养,他并没有直接对毛遂说,你不行,你哪儿凉快哪儿待着去吧。他用事实来拒绝毛遂的自荐,没有人夸奖过你,也没见你有拿得出手的成绩。这次的事情比较重大,我觉得你可能不能胜任。

很多人碰到这种被拒绝的情况,往往也就很识趣,打退堂鼓了。但是,毛遂仍然非常自信,机会终于来到眼前,他没有“下次再说”,而是要用更强大的气场展现自己。

毛遂说:“我请求跟您前往楚国,正是要把这个锥子放在口袋里。如果您把我放到口袋里,连锥子柄都会露出来。”

毛遂的意思就是说,我并不是才能不够,而是以前没有机会,现在机会来了,您只要把这个机会给我,我就能把我的真实能力显现出来。

平原君答应了毛遂的请求，但是同行的其他 19 个人，你看看我，我看看你，大家相视一笑。大家都看不上这个古怪的人。

平原君带着门客到了楚国，跟楚王聊起结盟对抗秦国的大事。然而，始终没有说服楚王。

这时候，坐在下位的毛遂看不下去了，突然站起来，快步走到平原君和楚王跟前，说:“结盟这么简单的事，利害都是一清二楚的，几句话就能决定，为什么你们聊了这么长时间，还没有决定？”

楚王看到平原君这个手下这么没礼貌，一点儿也不知道什么叫敬畏，如此没大没小没规矩，就斥责毛遂:“这个人是谁？”

平原君赶忙说:“是我的一个门客。”

楚王斥责说:“为什么还不下去！我现在跟你主人谈话，你算什么东西？”

毛遂紧握着剑柄，做出随时可以出击的架势，走到楚王面前，大声说:

“大王，你之所以敢当众呵斥我，无非是因为楚国人多势众、兵强马壮，但是，现在 10 步之内，没人能帮你，你的命就在我的手上。我的平原君在此，哪里轮得到你呵斥？商汤以 70 里的土地起家，就能得到天下，周文王以百里的土地，就能让诸侯臣服。他们靠的不是军队多，战斗力强，而是抓住机会，顺应时势，展示自己的威力。现在楚国有 5000 里的土地，战士有百万之众，这样强大的国家，天下谁能抵挡？但是，白起这个无名小卒，竟然敢率领数万人马攻击你们楚国，第一次作战就夺去你们鄢、郢两地，第二次作战烧毁你们的夷陵，第三次作战就毁坏楚国的宗庙，凌辱大王的祖先，这是你们楚国的耻辱，连我们赵国都替你们感到丢脸。而大王，你却一点儿也不在意，不知道羞愧。跟赵国结盟，你以为是为了赵国吗？”

言外之意，楚王就是欺软怕硬，只会仗势欺人，只会欺负小人物。

楚王被吓住了，赶忙向毛遂道歉，对毛遂说：“感谢先生的指导，您这一番话点醒了我。我楚国愿意跟赵国结盟。”

毛遂怕楚王玩缓兵之计，当下就问楚王：“既然您决定了，是不是现在就可以盟约？”

楚王说：“现在就定。”

于是，毛遂让楚王的侍从，把鸡血、狗血、马血拿来。很快准备妥当，毛遂捧着铜盆，跪在楚王面前，让楚王先歃血，表示缔结盟约的决心，然后是平原君和毛遂。

而毛遂完事之后，又左手拿着铜盆，右手示意一起来的 19 个门客，他说：“各位，你们也一起参加这次歃盟。如今看来，各位也不过是庸庸碌碌之辈，不过是因人成事而已。”

就这样，平原君完成了出使楚国的任务，跟楚国缔结盟约。毛遂的努力，也带来了实质的结果，楚国很快派出大军，由春申君黄歇亲自率领，北上救援赵国。

毛遂在人才辈出的战国时代，能够在关键时刻站出来，抓住机遇，成就了一段佳话。他带来的启示，总结下来就 9 个字：不着急、不自卑、不害怕。他在平原君手下 3 年时间，不显山不露水，并不着急，默默等待机会。机会到来时，丝毫不犹豫，挺身而出展现自己，不会因为别人的质疑就退缩。在楚王面前，面临众人解决不了的困境，又能冒着杀头的风险，力挽狂澜，把事情办成。

这就是毛遂自荐的精神。有才能是底气，有勇气才能抓住机会。当机会到来时，及时站出来，把自己推上台前。尤其是对于普通人来说，没有机遇的时候，努力修炼内功；机遇到来时，要敢于毛遂自荐，使自己脱颖而出。

孔斌请辞：可以逆风，不可逆势

门道

人可以逆风，不可逆势。每当时代变革来临，我们普通人身处其中，往往难以自处。顺势而为是智慧，逆势而为是螳臂当车。

孔斌是孔子的六世孙。魏王听说孔斌贤能，于是派使节带上金银珠宝、绫罗绸缎，去请孔斌担任魏国的相国。

孔斌对使者说："如果大王采纳我的建议，用我的道来治理国家，那么就算让我吃青菜、喝白水，我也是心甘情愿的。但是如果大王只是图我的虚名，想拿我做招牌，我对大王来说不过是一个平民，难道大王还缺一个平民吗？"

孔斌的言外之意是，让我去可以，但是先把丑话说在前头：我不去做摆设，要给我实权。

使者听了，点点头，更加诚恳地邀请孔斌到魏国，信誓旦旦地说："魏王一定会重用你，放心吧！"

于是，孔斌跟随使者来到了魏国。

魏王听说孔斌到了，亲自出城迎接，设宴招待。同时，在群臣面前宣布孔斌为相国。

孔斌被魏王委以重任，自然也要尽心尽力。他担任相国之后，首先整顿朝堂，把那些靠关系上来的、没有本事的官员调职，选贤任能，裁撤那些闲得没事干的、吃空饷的人员，把更多的经费用在有利于国家的事业上。

而那些既得利益的贵族，利益受到了损害，纷纷说他的坏话，四处散播他的谣言。

有个大臣叫文咨，对孔斌转达了这些谣言，孔斌听了说：

“很多人是无知的，很多大事你就不能跟他们商量。这是自古以来的经验和教训。古代善于管理百姓、治理国家的政治家，他们在搞改革的时候，都会遇到反对，都会遇到毁谤，没有谁是顺利的。

“子产在郑国担任相国，治理郑国的时候，3 年之后，终于没有人说他的坏话了。我的先祖孔子，在鲁国担任相国的时候，3 个月之后，大家才不再说他的坏话。

“如今，我在魏国搞改革，虽然说我不能跟他们比，但是我又怎么能介意别人攻击呢？怎么能在乎别人的诋毁呢？”

文咨问孔斌：“我不知道你祖先孔子的事，当初大家是怎么毁谤他的，你能说说吗？”

孔斌说：“先祖在鲁国担任相国的时候，老百姓居然编歌谣来嘲笑他：‘穿鹿皮袍的权贵，抓起他来没有罪；权贵穿着鹿皮袍，抓起他来都叫好。’3 个月之后，先祖改革有了成效，人们都开始夸赞他，说那个戴大帽、身穿皮袄的人，他知道百姓需要什么，对百姓没有偏私，对百姓很好。”

文咨听了高兴地说：“如今我才知道，先生就像古代的圣贤一样。”

孔斌在相国这个位置上虽然工作很努力，但是9个月之后他发现，凡是他提及的关于国家大政方针的建议，魏王都没有听进去，也没有支持他进行改动，他所做的一番努力，只是在魏国小打小闹，缝缝补补。

孔斌顿时觉得心灰意冷，叹息说:“我的很多建议被拒绝，这是我建议有不妥当的地方。既然我的建议不符合君王的心意，我却还当着君王的官，拿着君王的工资，为了贪图这么一点小钱，甘于吃闲饭，如果一直这么尸位素餐，我的罪过就大了。”

于是，孔斌称病辞职了。

辞职之后，孔斌每天待在家里，哪儿也不去。

有个朋友就问他:“魏王既然不用你了，你是不是打算离开魏国了？”

孔斌说:“我能到哪儿去呢？现在天下诸侯都快被秦国给吞并了，但是，秦国朝堂奸诈无耻，我是绝对不会去秦国的。”

于是，孔斌就在家彻底“躺平”了。

有一个叫新垣固的人对孔斌说:“我听说贤能的人所在的地方，一定让那个地方的文化水平提高，你当魏国的相国，没有听说你有什么突破性的贡献，而你就自己退出政坛。你为什么这么快就放弃了呢，是因为自己不得志吗？”

孔斌表示，正是因为没有突出的贡献，所以才决定退出政坛。在不治之症面前，显不出好医生的本领。秦王决定吞并天下，就是咱们小心翼翼巴结他、讨好他，也得不到安全。如今，拯救危亡都来不及，哪有什么心情教化百姓?

孔斌又拿伊尹和姜子牙举例，说从前伊尹在夏王朝，姜子牙在商王朝，但是这两个王朝依然走向了灭亡。难道伊尹和姜子牙他们就不打算救王朝吗？当然不是，那个时候，已经是势不可为了。如今这形势，山东的诸侯已经走到了末路。韩、赵、魏三国只知道割让土地给秦国，求得暂时的平安。而周王室迟早也会并入秦国的版图，燕、齐、楚，早已经被打怕了，早已经屈服于秦国。

最后，孔斌断言：恐怕不出 20 年，天下就会被秦国统一了。

孔斌是睿智的，他知道无力扭转这种局势，干脆就在家躺着，哪儿也不去，什么也不干。而正如他的预言，秦国一统天下，这才是大势。这表明他有很高的智慧和眼界。面对大势，既然努力依然改变不了任何东西，那就不妨抽身而退，不折腾，不做无用功，其实也是一种人生智慧。

人可以逆风，但不可逆势。在时代浪潮的席卷下，有人乘势而起，有人因势而衰，但很少有人能逆势而行。与大势对抗，是不明智的做法。在大势面前，个人努力的效果，往往是非常渺小的。

成事在天，谋事在人。把自己该做的，做到极致，其他的顺其自然就好了。

奇货可居：人生要跃迁，先找制胜点

不要跟别人拼你不擅长的，你的优势就是你的制胜点。找到自己的优势，充分发挥利用，调动资源帮助自己，看准方向，全力出击。

公元前 257 年，大商人吕不韦来邯郸做生意，在一个赵国贵族的聚会上，吕不韦看到了角落里有一个人，大家非常看不起他，而且还总是欺负他。

吕不韦对他产生了兴趣，打听到这个人叫嬴异人，是秦昭襄王的孙子，但只是一个庶出的孙子。嬴异人没有受到秦国任何重视，被打发到赵国做质子。

秦昭襄王在位时间非常长，有半个世纪之久，秦国的太子有二十几个儿子，嬴异人就是其中之一。

当时，秦国跟赵国摩擦不断，先是在长平大败赵国，又围困邯郸一年多。这可苦了嬴异人。他在赵国当人质，赵国在战场上打不赢，欺负敌方一个庶出的孙子还需要理由吗？

因此，嬴异人虽然是秦昭襄王的孙子，但是在赵国混得非常惨，简直没什么人生前途。

吕不韦却看到了嬴异人背后的秦国大背景，他拍着大腿说道："这是一件稀世珍宝，囤积起来，将来可以赚大钱。"

于是，吕不韦选了一个良辰吉日去拜访嬴异人。他对嬴异人说："我可以提高你的身份地位。"

嬴异人笑了，说："您省省力气，先把您的身份地位提高了再说吧。"

吕不韦则直抒胸臆，说："这您就不知道了，我的身份地位要靠您来提高。"意思是，只有我先帮助您提高身份地位，我的身份地位才会跟着提高。

嬴异人听出了吕不韦意有所指，马上拉着吕不韦到室内，摆上酒菜，边喝酒边详谈。

吕不韦对嬴异人说："秦王的年纪已经不小了，而您的父亲作为太子，他最宠爱的是华阳夫人，但是华阳夫人却没有儿子。你们兄弟有 20 多个，嬴傒已经被大家公认为将来会被立为太子，他身边有士仓这样的人辅佐，可以说是如虎添翼。而你呢？在国内本来就不受重视和宠爱，现在又离开秦国来到赵国充当人质，长期在赵国待着。对于秦国内部的事，你可能两眼一抹黑，什么也不知道。你父亲一旦继位，你恐怕没有机会再争夺太子的位置了。"

嬴异人听了，不停地摇头："那你说，应该怎么办呢？"

吕不韦说："现在咱们分析一下，谁能够决定未来的太子呢？自然是你父亲最宠爱的华阳夫人，她没有儿子，所以，这就是你的机会。我虽然没有多少钱，但是，我愿意拿出 2000 金来帮助你，让你成为继承人。你觉得怎么样？”

嬴异人作为一个不受重视的庶子，自然是喜出望外，赶忙说：“如果您的计划能够成功，将来我愿意跟您一起共同治理秦国。”

毫无疑问，吕不韦的计划有很大的变数，如果失败，那2000金的投资打了水漂，属于拿全部身家做赌注。

吕不韦先给了嬴异人500金，让他在赵国结交能人异士，养着门客，先把场面给撑起来，把好名声打出来，传到秦国国内，自然也会让秦国那边对他刮目相看。

接着，吕不韦又花500金，买了一些贵重的礼物，从邯郸大老远到咸阳，把这些礼物通过华阳夫人的姐姐，进献给华阳夫人。

华阳夫人的姐姐对华阳夫人说：“嬴异人是一个非常贤明的人，他的名声遍布诸侯。他在邯郸日夜思念太子和夫人，嬴异人觉得夫人就是他的天。”

华阳夫人自然也知道嬴异人这个庶子，居然还思念她这个嫡母，十分高兴，毕竟她没有孩子，将来也没有依靠。

她姐姐继续吹风，表示：“你现在靠自己的美貌，得到太子的宠爱。可是将来容颜变老，在太子那里就不会受宠了。而你又没有儿子，不如在受宠的时候，在庶子中选择一个孩子，提拔他作为你的嫡子，这样的话，孩子将来当上秦王了，那你的富贵也能够长久保持下去。”

华阳夫人听了进去，找机会又给太子吹枕边风：“你的儿子嬴异人是一个非常贤明的人，才能、品德都十分优秀，我常常听到有人夸奖他。”

说着说着，华阳夫人就流下眼泪了，对太子说："我不能为你生一个儿子，我想收异人做我的儿子，这样我有了儿子也可以托付终身。"

这时候的太子嬴柱，非常宠爱华阳夫人。这事太简单了，嬴异人也是他儿子，谁继位都一样，更何况，他什么时候接班还不知道，秦昭襄王还活得好好的呢！

于是，太子一口答应下来，刻了一块玉符作为信物，跟华阳夫人约定好了，将来要立嬴异人为继承人。同时，还赏赐给嬴异人很多金银财宝，请吕不韦当他的师父。

为了更好地跟嬴异人保持关系，吕不韦还把自己身边的一个姬妾送给了嬴异人。而这个女人就是赵姬，后来生了一个儿子叫嬴政。

公元前 257 年，秦国兵围邯郸的时候，气愤的赵国人要杀了嬴异人。

吕不韦赶忙又拿出来 600 金，贿赂了看守城门的守卫，带着嬴异人一路逃出了邯郸城，逃到秦军大营。就这样，吕不韦和嬴异人在秦军的护送下，一路来到了咸阳。

到了咸阳之后，嬴异人改穿楚国服饰去拜访华阳夫人。而华阳夫人看到嬴异人穿着楚服来见自己，思念起自己的家乡楚国，感动地说："我是楚国人，你当然是我的儿子。"于是，又把嬴异人改名为子楚。

吕不韦这段"奇货可居"的故事，堪称是中国历史上投资回报率最大的案例。他之所以成功，是因为他有 3 项过人的能力：

一、能看到别人忽视的潜力股，并敢于下重金投资。嬴异人在异国他乡，落魄潦倒，吕不韦却看出了他的身份和潜力。

二、能看到别人潜在的需求。嬴异人需要在 20 多个兄弟间脱颖而出，摆脱人质的生活，华阳夫人需要过继一个儿子养老，双方彼此需要，一拍即合。

三、懂得整合资源，把关系运作起来。想把嬴异人运作成接班人，需要秦国太子也就是嬴异人的父亲认可，而他的父亲又最宠爱华阳夫人，华阳夫人又听姐姐的话，一环扣一环，这才让嬴异人在父亲那里混了个脸熟。

吕不韦敢拿出 2000 金，投资在一个落魄公子身上，并不是孤注一掷，而是看准了这个人背后的制胜点，发出的奋力一搏。怎样制造需求，怎样打通关系，怎样运作名声，必定是每个环节都想透彻了，才去敲响嬴异人命运的大门。

陈婴让王：
不为天下先，背靠大树好乘凉

敢为天下先，是英雄。不为天下先，也是智者。当一项事业特别难做的时候，去找合适的人一起承担风险，能让你走得更远。

公元前209年7月，陈胜、吴广在大泽乡揭竿而起，一路攻城略地，纠集数万之众攻下陈县。在这里，陈胜称王，彻底改变了秦末起义的形势。

与此同时，随着陈胜、吴广队伍的感召，全国各地纷纷起义，流行起“杀县令”。秦朝全面实行郡县制，天下被分为若干个郡，每个郡由数个县组成，而县令就代表着基层秦律。

在东阳县，人们杀死县令后，轰轰烈烈几千人的队伍，没有带头人，于是想推举出一个首领。

一个叫陈婴的人被推上台前。这个人是以前东阳县的令史，具体来说是狱史，为人一向谨慎、忠厚、实在，人人都称赞他，对他非常尊重。然而他极力推辞，还是拗不过大家。

东阳县的年轻人越聚越多，达到了两万多人，这时他们又想拥戴陈婴称王。

陈婴的母亲却劝阻说:“从我嫁到你们陈家，从来没有听说过你们祖先有哪个是当过官的。如今你骤得大名，这绝对不是什么好事！你还不如追随一个有名望的人，如果事情成功了，你将来至少可以获封一个侯爵。如果事情失败了，你将来隐姓埋名藏匿起来也比较容易。所以，你不要追求世俗人所谓的这种大名。”

那么，谁是那个有名望的人呢?

楚国贵族、名将项燕之子项梁，此时正招纳江东子弟，渡过长江，四处联合起义军，派了一个使者联络陈婴。

陈婴对大家说:“项氏世世代代都是楚国的将军，他们在楚国比较有名望。如今咱们要成就大事，非他们不行。我们如果依靠项家这类名门，就一定可以诛灭暴秦。”

大家听了之后，觉得陈婴说得非常有道理，接受了陈婴的建议，把军权交给了项梁。就这样，陈婴带着两万多人投靠了项梁。

后来，项梁听从范增的建议，扶持了据称是楚怀王孙子的放羊娃熊心做楚王。项梁则自号为武信君，拜陈婴为楚国上柱国，封给他 5 个县做食邑。陈婴从此成了楚国的二号人物。

秦朝大将章邯击杀了项梁之后，项羽成了楚国新的“话事人”，陈婴又依附于项羽。之后就是楚汉争霸，天下大乱，到垓下之战，项羽兵败自刎。

汉朝建立后，刘邦大封功臣，陈婴被封为堂邑候，位列诸侯倒数第二，食邑只有 600 户。听起来比他在楚国做上柱国时差远了，像是起个大早赶了个晚集。没多久，刘邦开始大杀功臣，几乎所有异姓王都被除掉。而只有 600 户食邑，排名倒数第二的堂邑侯陈婴则在历次劫难中安然无恙，直到 18 年后寿终正寝。

值得一提的是，陈婴不仅自己的一生波澜不惊，后代也过得不错。陈婴的孙子陈午娶了汉文帝的长女馆陶公主，其曾孙女是汉武帝的陈皇后，就是历史上赫赫有名的金屋藏娇的当事人陈阿娇。

有人说，陈婴的一生是幸运的，躲过了刀光剑影，甚至在项羽手下待过，还能转岗去刘邦那里。与其说他幸运，不如说他的睿智，懂得借势。被推举为起义军首领，他没法拒绝，两万多人虎视眈眈看着呢。而起义一旦兵败，就是万劫不复。因此陈婴选择带队投靠项梁，形成一股更大的力量。

俗话说，背靠大树好乘凉。机遇总是与危险并存，如果能找到信得过的“大树”，一起分担风险，不因慕虚名而处实祸，位居人后又何妨？像陈婴这样，懂得隐居幕后，辅佐最有能力的人，地位不算高，也不算低，没人惦记，自然落得平安无事，得以善终。

刘邦三攻丰邑：站在风口里，也要会蓄力

庄子说："风之积也不厚，则其负大翼也无力。"意思是说，风聚积的力量不雄厚，它便无法承托巨大的翅膀。借势，要有等风来的耐心，不可急促。

公元前209年7月，陈胜、吴广在大泽乡起义。两个月后，刘邦在沛县起兵。刘邦当时奉命押解一批囚犯、徭役到咸阳的骊山工地干活，半路上很多人偷偷逃跑。

刘邦一看，照这么逃跑下去，等到骊山的时候，恐怕就剩自己了。所以，走到丰县的时候，刘邦干脆把这些徭役通通释放："你们该去哪儿去哪儿吧！我也打算溜了。"在这些人里，有十几个壮士，跟刘邦一样，无处可去，回去会连累家人，只能流浪在外，所以他们打算追随刘邦。

刘邦因为放走了这帮刑徒、徭役，自己也成了逃犯，一直藏在芒山、砀山之间，东躲西藏，躲避官府的搜捕。

很多在沛县过不下去的青壮年，也开始在沛县传播刘邦的事迹，大家都很想跟随刘邦。此时，陈胜、吴广在大泽乡起义的消息传遍天

下，沛县县令打算响应陈胜，便跟萧何、曹参商量。

萧何、曹参劝他说:“您是皇帝任命的官员，却打算背叛皇帝，背叛朝堂，万一沛县的人反对您，您岂不是没有了退路？您还不如把本地逃亡在外的亡命之徒找回来，这样咱们就可以有好几百人了，有这几百个人做后盾，大家也就不敢反对您了。”

沛县县令听了之后，觉得有道理，于是就让萧何联络刘邦。

这个时候，刘邦身边已经有一百多号人马了，可以说是非常大的一股势力，尤其是在沛县这种小地方。

等到他率领人马回到沛县时，沛县县令突然反悔了，关闭城门，拒绝刘邦回沛县，同时指挥士兵防守。为了断绝刘邦跟县里的人里应外合，他还打算诛杀萧何、曹参。

而萧何、曹参毕竟是本地人，耳目众多，一听到消息立马就翻墙逃跑了，来到城外，投奔了刘邦。

刘邦带着人来到城下，把书信绑在箭上，射到城中，告诉沛县的父老乡亲们，赶快打开城门，咱们沛县自己人，绝对不会下狠手，不像秦人那样残暴。

于是，沛县的父老子弟，加上城里边樊哙等人的配合，一起杀死了沛县县令，打开城门迎接刘邦进入沛县。

大家拥护刘邦为沛县县令，依楚制称作“沛公”。

起兵后，刘邦以丰邑为根据地，四处攻城略地，随后将丰邑交给一个叫雍齿的人镇守。结果雍齿背叛了刘邦，带领一部分人，跟丰县打包，一起投靠了魏国，雍齿依然镇守丰邑。

刘邦回来之后，拿雍齿一点儿办法都没有。一方面刘邦的人不多，本身兵力不多，还想攻城，那只会让自己损兵折将，这是一件很不划算的事情。而雍齿这边则以逸待劳，专注防守。刘邦第一次攻打丰邑毫无悬念地失败了。

这时，刘邦听说楚王景驹在沛县东南，就带着人马去投靠景驹。半路上，遇到了一个非常重要的人物，他就是张良。

张良聚集了一百余人，也准备前往留地投靠景驹。张良跟刘邦一接触，立刻意识到这家伙的不凡之处，直接投靠刘邦，两人的队伍融合在一起。

张良跟刘邦相处的这段时间，经常把《太公兵法》讲给刘邦听。刘邦听了之后，非常认可，经常采取张良的谋划，对张良可以说言听计从。张良也给其他人讲，但是其他人都听不懂，只有刘邦听得懂。

张良说道："沛公真是天纵奇才，这是老天派我来帮他的。"

随后几个月，刘邦的队伍不断扩充、壮大，拥有了 9000 人马。于是，他率军再次攻击丰邑，结果损兵折将，又失败了。

这段时间，刘邦本想投靠的楚王景驹被项梁击败，他丝毫没犹豫，直接去见了项梁。项梁跟刘邦一聊，觉得刘邦这个人还是有水平的，给了他 5000 人马。

这一次，刘邦终于重新夺回丰邑，从此开始逐鹿中原的霸业。

刘邦是一个从头到尾都擅长请人帮忙的人，他总是能清晰地认识到自己不够强大，需要援手，需要人才，甚至需要靠山。刘邦放走囚犯，100 多人追随，他并没有急于打出自己的名号，而是等到陈胜、吴广挑起天下大势后，从很小的地方徐徐扩张。

两次攻打丰邑失败，刘邦不仅能收服张良的人马，壮大自己，还想找楚王景驹当靠山，景驹被项梁击败，他就改找项梁要人马，最终成功收复丰邑。

《孟子·公孙丑》有句话，“虽有智慧，不如乘势；虽有镃基，不如待时。”意思是说，一个人即使聪明，想要出头，也要学会顺势而为；虽有锄头，想要种好地，也要耐心等待合适的天气。风口来了，也不要轻举妄动，学会蓄力，才能一飞冲天。

第八章 谋局

人生如棋，以身谋局，无往不胜

韩侯作高门：
顺应大势，动不失时

门道

《淮南子》说："圣人敬小慎微，动不失时。"真正有本事的圣人，往往会特别谨慎，思前想后，不会做不合时宜的事，这就是顺势而行。任何一个人都脱离不了大环境而独立存在，看不懂大环境的变化，就很容易做出与环境相悖的行为。

公元前335年，秦国讨伐韩国，攻克了宜阳，韩昭侯因此少了一块地盘。碰到一个穷凶极恶的邻居，倒霉呀！

第二年，韩昭侯不知道脑子怎么想的，突然想建造一座高大的门楼，史书上并没有说明原因。

但是，他这个想法，肯定不太合适，不然也不会有人提出反对意见了。

有一个叫屈宜臼的楚国大夫，当时正好在韩国，他对韩昭侯说："您一定走不出这个门楼！"意思是，韩昭侯肯定造不成功。

韩昭侯不解地问："为什么你会这么说呢？为什么造不出来呢？韩国虽然不是大国，但是，也是要人有人，要钱有钱。难道这么点儿事都办不成了吗？"

屈宜臼说:“您难道不知道为什么吗?因为您这个时候造这座门楼，用四个字来形容——不合时宜。”

韩昭侯不服气:“怎么就不合时宜了?难道造一座门楼，我还要选个良辰吉日吗?”

很显然，屈宜臼不是这个意思。韩昭侯没有明白屈宜臼的心思，也没有看明白国内外的局势。

屈宜臼继续劝解韩昭侯说:“我所说的时候不对，并不是指具体的时间。一个人有走好运的时候，也有走厄运的时候。之前您走好运的时候，要钱有钱，要人有人，也没有建造高门楼。但是，上一年秦国刚把宜阳给夺去了，今年国内又大旱，粮食歉收。这个时候，百姓忍饥挨饿，民不聊生，您不体恤百姓，反而还铺张浪费，搞这种大而无用的建筑工程。您这个举动，就像古人所说的，越穷越摆架子。所以，我说这件事不合时宜。”

韩昭侯想了想，最终还是没有听屈宜臼的意见，坚持要把这座门楼给建起来。

一年后，这座门楼倒是建起来了，但是，韩昭侯去下面找阎王爷“报到”去了，真的没走出这座门楼。

建造门楼时，韩昭侯已经在位25年了，或许是觉得应该享受享受了。他本来也算是个不徇私情、赏罚有度的好君主，因任用申不害为相，实行变法改革，韩国国力大盛。

有一天，改革成功的功臣申不害，想给自己哥哥谋一个官职。他说:“我有一个大哥，现在还是一个平头百姓。我从小受到大哥的恩惠，但是却一直没有办法报答他。请求您随便给他一个小官职。”

韩昭侯拒绝了，他说应该看一个人对国家的功劳来给予相应的官职，还说："这都是你说的，要我不要徇私，破坏制度。"

就这么一个堪称明君的人，到了晚年也终于听不进别人的意见，只想着自己享受。

一个国家刚刚吃了败仗，国君却想着花费巨大的人力物力，去建造新的门楼，是典型的目光短浅，看不到更长远的生存危机。眼前的危机刚一解除，就迫不及待给自己安排享乐的建筑。最终的结局，可想而知。

有时候，干什么不重要，什么时候干很重要。"动不失时"，有两层意思。第一，做事能把握住机会，不错过时机。第二，不在错误的时间做正确的事。懂得谋以全局，把眼光放长远，往往能让你事半功倍。

马陵之战：
晚入局，才能做渔翁

 门道

别人开口请你帮忙，对方一求，你就答应了，只能让你的人情变得廉价。等对方坚持不住的时候，你再出手，更容易让别人对你感恩戴德。

公元前 341 年，魏惠王派大将庞涓带领军队攻击韩国，一路打到韩国的都城新郑，就是现在的河南省新郑市。

韩国一个小国，面对魏国的攻击，很快就坚持不住了。韩国派出使者来到齐国的都城临淄。

韩国使者一把鼻涕一把泪地跟齐威王哭诉，请求齐威王发兵救援韩国。

齐威王安抚使者说："放心，你们的事就是我的事，我一定不会让你们被魏国给灭掉的，一定会帮助你们。你先在驿馆等待消息，我马上召集大臣开会。"

齐威王派人把韩国的求援使者安顿好，然后紧急召开会议。

大将军田忌、军师孙膑、成侯邹忌等几个核心大臣，很快凑了一桌，开始了一场非常重要的会议。

齐威王上来就定下来主题:“各位,魏国现在正在攻打韩国,韩国眼看就要守不住了,已经派使者来到齐国求援。咱们讨论一下,该不该救韩国?”

这时候,邹忌站出来:“帮他韩国干吗?坚决不帮!咱们就坐在旁边看戏,让韩国和魏国打生打死,咱们当一个坐收渔利的渔翁。”

邹忌的话刚说完,田忌站出来反对说:“你这话就不对了!韩国弱小,被魏国灭了之后,魏国的实力就更强大了。咱们到时候怎么跟魏国抗衡?一定要帮助韩国,一起对抗魏国,消耗魏国,这样对齐国才有利。”

邹忌一听,田忌这小子居然敢给自己拆台,讽刺田忌说:“你不要为了军功,不把齐国儿郎的命当回事。打仗不要钱吗?不要粮食吗?不拿人命填吗?一天到晚就想着打仗!”

田忌顿时面红耳赤,刚想争辩几句,齐威王这个老板一看,邹忌和田忌两个人快吵了起来,顿时头疼不已,一个是自己的文臣之首,一个是自己的带军大将,一个是左手,一个是右手,这时候怎么办呢?

齐威王赶忙制止两个人,说:“好啦好啦,不要争执这个问题,伤了和气!”

接着,齐威王把脑袋转向军师孙膑:“孙先生,您觉得该不该救韩国呢?”

孙膑说:“救,但是不能着急救。韩国跟魏国已经在死磕了,这个时候,韩国还有余力来消耗魏国。如果我们现在去救,就等于是去替韩国挨打。所以,咱们不能现在去救。魏国的攻势越猛烈,越想消灭韩国，韩国往往就会想尽办法来抵抗魏国。最好的办法是，咱们告诉韩国，我们一定会救你们，坚定韩国抗击魏国的决心。让韩国替咱们来消耗魏国的军队战力，等魏国的士气和战力被消耗得差不多了，韩国也半死不活的时候，咱们再插手。到那个时候，我们面对魏国的压力就会小很多。”

齐威王听了一拍大腿说：“说得好，就这么干！不能让韩国被灭了，但是，也不能留下一个强大的韩国，最好韩、魏都被削弱，这才是对齐国最有利的局面。”

于是，齐威王召见韩国的使者，对使者说：“你赶紧传消息回去，我们齐国决定出兵了，已经在整顿军马，你们再坚持几天。”

使者立刻安排 800 里加急，通知老家那边，再坚持坚持……援兵已经在路上。

没想到，眼看奄奄一息的韩国，居然又坚持了好多天，但是这样下去终究不是办法，韩国只好再派出使者前往齐国。

在使者一波又一波的眼泪攻势下，加上承诺只要韩国得以保存，韩国愿意当齐国的小弟，请求齐威王赶快出兵。

齐威王终于安排军队出发了，这一次田忌、田婴、田盼分别担任大将，由孙膑担任军师。他们仍然采用了围魏救赵的策略，率领大军直奔魏国的大梁。

魏惠王一看，齐国又来攻击大梁，非常生气，然后赶忙命令庞涓回军救援大梁。

孙膑告诉田忌说：“赵、魏、韩三国的士兵，向来能征善战，而且看不起咱们齐国，认为齐国的士兵胆小如鼠，作为一个优秀的指挥官，你就要顺着敌人的心意，误导他们做出错误的决策。”

于是，孙膑采用了减灶诱敌之计，迷惑庞涓，最后把庞涓引入了马陵道，这是一个险道，路面狭窄，下有深谷，上有绝壁，最容易打埋伏。

孙膑派人把一棵大树削去树皮，上面写：庞涓死于此大树下。然后，派弓箭手夹道埋伏。他告诉士兵，看到火光亮起，集中射击。

庞涓带着军队，一路追击，经过大树下，看见树干一片雪白，上面有字，于是命人举起火把观看。

这时候，齐国的士兵万箭齐发，魏国的骑兵惊慌四散。庞涓知道自己逃不出孙膑设计的陷阱，拔刀自杀，临死时喊道：“竟然让孙膑这个竖子成名！”

齐军乘胜攻击魏军，魏国军队大败。

同样是救援韩国，田忌一根筋想着去新郑攻打魏军，但是孙膑的战略思维完全是另一个高度，攻其必守之处，把自己的问题转换成别人的问题，完成一箭双雕。

不被利益冲昏头脑，永远保持冷静，是成事的重要品质。心急吃不了热豆腐，看清形势再“下网”，才会有所收获。

范睢的战略价值：
满腔热血，最怕无效努力

 门道

一个人满腔热血，努力做事最怕什么？不怕流血流汗，而是怕无效努力。不走冤枉路，不做无用功，持续向既定目标前进，排除任何干扰，才是成事之道。

公元前264年，楚国的楚顷襄王芈横，一病不起，眼看就要不久于人世，按照那个时候的医疗条件，大家心里都明白，估计是挺不过去了。

远在秦国的太子芈完打算赶快回国，探望自己的父亲，万一真出了意外，他在国内还能平稳过渡，接班王位。

陪着芈完在秦国做人质的黄歇，就给秦国相国范睢提建议说："楚王病情严重，恐怕日子不长了。为秦国长远利益的打算，不如把充当人质的太子芈完放回去。"

黄歇的思路是，如果芈完能够继承王位，对秦国一定小心翼翼侍奉，奉秦国为老大，一切听秦王的，对秦王也会心怀感激。秦国这么做，等于培养了一个拥有万辆战车的亲密盟友。可是，如果不放他回去，楚国另立新的楚王，手里的太子在咸阳，跟一个无权无势的老百

姓有什么区别？所以，不如让芈完回楚国，当上国君，将来跟秦国做亲密战友。

范雎听了之后，觉得很有道理。

于是，范雎跟秦昭襄王商量，到底该怎么处理眼前的局势，楚国的朝堂变动，自然也会影响到秦国的对外策略。

秦昭襄王说："先让楚国太子的师父回去看看情况，等他回来之后，咱们再讨论该不该放芈完回去。"

黄歇知道这个消息后，感到深深担忧，他找到芈完商量："我看秦国是想把你扣留在咸阳，他们是想拿你来换取一些利益。但是，你现在没有能力做出对秦国有利的事。如果你现在跟秦国谈判，恐怕国内会出现动荡。国君还有两个儿子，万一其他儿子继位，楚国就再也没有你什么事了。不如立刻逃离秦国，我留在这里应付，为你争取更多的时间，秦王最多把我杀了，只要你能回去继位，我就算死了，也是值得的。"

芈完听了黄歇的建议之后，立刻改换服装，扮成马夫的模样，离开了秦国。而黄歇留了下来，看守芈完的住所，对外宣称芈完生病了，暂不见客。

等过了一段时间，黄歇估计芈完已经走得够远，就算秦王派追兵，也已经来不及了。

黄歇找到秦昭襄王说："我们太子芈完已经回到楚国了，我瞒着你们把太子送走了，你们要怎么处置我，任杀任剐，你们请随意吧。"

秦昭襄王怒了，居然被黄歇这家伙给骗了，他决定成全黄歇，让人把黄歇拉下去，准备择日处决。

这时候，范雎站了出来，对秦昭襄王说："黄歇不过是一个臣子，杀不杀他，根本不影响大局。他愿意为他的主人牺牲性命，这绝对是一个好下属。如果芈完回去能够继承楚王的位置，将来一定会重用黄歇，不如把黄歇放回去，这样也能让楚国跟秦国继续保持良好的盟友关系。"

秦昭襄王听了之后，点点头，认可了范雎的想法。

最终，黄歇也得以安全回到楚国。3个月之后，楚顷襄王芈横去世，芈完顺利继承了王位，这就是楚考烈王。

芈完当上了楚王，自然要论功行赏，对他有大贡献的黄歇，立刻成了楚国的大红人，被任命为相国，把淮河以北的土地封给黄歇，封黄歇为春申君，日后成为"战国四公子"之一。

秦昭襄王想杀黄歇泄愤的时候，范雎告诉秦王，秦国的战略是远交近攻，没有必要得罪楚国，杀一个黄歇等于得罪了未来的楚王，很不划算，既然芈完已经跑了，不如顺水推舟，及时止损。

放掉黄歇，结个善缘，保持远交近攻这个战略的持续性，可以说一举两得。

范雎展示了作用和价值，他不仅可以制定战略，明确该做什么，始终保持战略的正确。但是，他更可以告诉领导，明确不做什么，对于跟战略无关的事情，该叫停就要叫停，对目标有危害的事情就要砍掉，帮助秦昭襄王进行战略纠偏，告诉他不能做什么，怎么做才能让秦国的战车，始终跑在正确的路上，这也是范雎的作用和价值。

对我们个人来说，其实也是一样，你要做什么，这是你的战略，我们每个人都应该有一个明确的目标，在实现这个目标的过程中，必然有各种各样的干扰、障碍，或者是诱惑。很多人往往就换一个方向，或者盲目扩大搞多元化，这都是有问题的，唯有保持战略的精确性，我们才能在某一个特殊领域，培育或者说打造出强大的竞争力。

有时候，我们在面对阻碍的时候，都可以努力一把，拼命跨过去，但是面对诱惑的时候，往往就容易迷失自己。真正危险的往往不是困难本身，而是诱惑。

扶苏的结局：
遇事不慌，以谋全局

门道

当你遭遇一件棘手的事情，陷进去无法解决时，可以跳出这件事的范畴，从全局的角度去思考，也许会豁然开朗。

公元前 210 年，秦始皇巡行天下。当年 7 月，行至沙丘时病重。奇怪的是，秦始皇一直没有立太子。

众大臣不敢说，也不敢问，主动提出让秦始皇立太子，不是在咒他死吗？秦始皇在沙丘时，知道自己已经时日无多，这才把赵高和李斯叫过来，撰写诏书，让长子扶苏到咸阳，治丧即位。

赵高将诏书保存起来，还没等到使者出发，秦始皇就因病重去世。李斯怕秦始皇死的事引来天下动乱，所以秘不发丧，车队继续向咸阳行进。

当时知道秦始皇死的只有赵高、李斯、胡亥以及其他的几个宦官，五六个人而已。胡亥是秦始皇的第 18 子，才 12 岁。赵高认为他年纪小，便于控制，于是与丞相李斯密谋，篡改秦始皇的遗诏，立胡亥为太子。

同时，给在远方修长城的扶苏，下了一道诏书，谴责扶苏不仅没有立战功，而且导致大量的将士死亡，还经常上书，口出狂言，诽谤皇帝。诏书中还有提到大将军蒙恬，不知道矫正扶苏的过失，将两个人通通赐死，把军队交给副将王离。

扶苏接到诏书之后，顿时哭成了个泪人，他不相信他老爹会对他这个亲生儿子下毒手，但是诏书就在眼前，他又无法否认，只好准备自杀。

扶苏正准备自杀的时候，蒙恬拦住他：

“皇帝在外巡视，还没有决定谁是太子，派我们率领 30 万大军防守边关，由您来担任监军，可以说，这么多皇子之中您的权柄最重，这是皇上对您的信任，怎么会突然来了一个使者，带来这样一封诏书。难道我们就要凭借一封诏书自我了断吗？诏书难道不可能是假的吗？不如上书查证一下，知道这是皇帝的旨意之后，再死也不迟。”

这时候，使者在旁边一再逼迫催促：“别磨蹭了，我还得赶回去复命。”

扶苏下定了决心，说：“父亲决定赐死儿子，儿子又何必再请示呢？”说完，抹脖子自杀了。

蒙恬始终坚持要上书皇帝，查证一下，使者让人把蒙恬抓起来，交给军法处囚禁起来。

胡亥听说扶苏已经自杀，准备把蒙恬释放了。正好赶上蒙毅也回到咸阳，赵高马上想起来蒙毅跟他的恩怨，对胡亥说：“先帝本来打算立你为太子的，就是因为蒙毅这家伙一直反对，所以，先帝一直没有立太子。您现在还不杀了他，留着他过年吗？不如赶紧杀了他，永除后患。”

于是，胡亥下令逮捕蒙毅，囚禁在代郡。

胡亥、赵高的车队，摆出继续出巡的架势，绕道回咸阳。由于暑天高温，秦始皇的尸体已经腐烂发臭。为遮人耳目，胡亥命人买了许多咸鱼装在车上。

回到咸阳后，胡亥继位，是为秦二世，赵高任郎中令，大权在握。没多久，胡亥下令处死蒙氏兄弟。

扶苏因为一封假诏书，信以为真，自杀身亡，实在令人唏嘘。对人忠诚，做事实在，这些都是良好的品质。但是在某些极端情况下，这些品质或许会成为你的枷锁。

当局面对你极其不利时，一定要冷静思考。太听话的人，有时会陷入别人的逻辑里，想要成事，你还是要有自己的规则，走自己的道路，这才是破局之法。

司马错伐蜀：久利之事勿为，众争之地勿往

曾国藩曾在家书里写道："久利之事勿为，众争之地勿往。"意思是，一直都能获利的事不要做，所有人都争抢的地方不要前去，要有自己的战略思路，积少成多才是长久之道。

秦惠文王时，秦国国力大增，逐渐展露出一统天下的实力。但是对于如何统一、从哪儿着手，朝堂之上众说纷纭，也没个答案。

公元前 316 年，巴国和蜀国发生内乱，互相攻击，都觉得自己撑不住，就想找个帮手。于是，这俩国家都给秦国发了求救信。

本以为是请帮手，没有想到却是引狼入室。秦国这头饿狼，早就盯着巴蜀了，尤其是蜀国，早就让秦国垂涎三尺。

正好，机会来了，秦惠文王决定，趁着这次机会征服蜀国。但是，秦国也有顾虑。一方面，蜀道之难，难于上青天，更何况携带辎重武器，行军更难。另一方面，又怕韩国得到消息之后，趁机攻击秦国。

秦惠文王犹豫不决，他决定开一场重要的会议，宣布了自己的战略目的。

名将司马错站了出来，支持秦惠文王的主张，并表示愿意带兵出征，讨伐蜀国，为秦国扩大地盘。

但是，张仪站出来反对说："我认为，不如攻击韩国新郑。"

秦惠文王说："不妨说说您的想法。"

张仪说：

"秦国的大战略是跟魏王、楚王，保持和谐关系，而专门攻击韩国，吞掉韩国，大军可以深入三川地区，拿下新城、宜阳等地。

"然后，一步一步，推进到周王国的边境，抢到九鼎，取得天下的地图和户籍，然后把周王抓过来高高架空，到时候谁敢反抗？这就是秦国统一天下的事业。

"俗话说得好，争名者于朝，争利者于市。现如今，三川地区和周王国就是天下的朝和市。大王不去争夺名利，反而去涉足蛮族部落之间的斗争，这跟统一天下的伟大事业相比，那可以说是天壤之别。"

张仪的话振振有词，朝堂之上一片附和之声。

但是，司马错依然反对，提出"得蜀则得楚"的战略，说：

"要想使国家富有，一定要有广阔的领土。要想让军队强大，一定要提高百姓的生活水平。要想一统天下，就必须国富、民强。如果这几点，咱们做到的话，所谓的一统天下，只不过是时间问题。

"但是，现在大秦地少人穷，我的看法是先从容易的地方下手，像蜀国不过是西南地区的一个小部落，正好出现了桀纣之流的昏庸首领，秦国拿下它，就像大灰狼拿下一群小绵羊一样。到时候，我们可以占领他们的土地，开拓我们的领土，夺取他们的财产，让秦国百姓跟着富足起来。

“征伐蜀国，不管是从名义还是从好处上，都是堂堂正正的仁义之师。既能扬我大秦的名声，又能让大秦获得实实在在的好处。如果进攻韩国，挟持所谓的周天子，那一定会被天下人反对，甚至会背负骂名。秦国虽然在日益强盛，但是远远还不具备兵出函谷，和山东诸国决一死战的条件。到时候，秦人会引来天下诸侯的针对。”

司马错的战略就是攻打韩国不如先拿下蜀国，而拿下蜀国后，楚国就唾手可得。

秦惠文王听了，觉得司马错说得非常有道理，于是出兵南下，10个月之后，秦人把蜀地征服，蜀地从此并入秦国的版图。

有了巴蜀作为稳定的粮食大后方，秦国更加富足，更加强大，有了跟其他诸侯叫板的底气。

在决策上，这个故事给我们的启发是：

第一，柿子要从软的开始捏，事情要从容易的开始做。先从容易的开始，才能不断积累优势，提升自己的实力和能力，时间长了，硬柿子也会变成软柿子，到时候，你就可以有更多的软柿子可以吃了。

第二，要看到利益，也要看到风险。两相权衡之下，选择对自己最有利的一项。众人都在争取的项目，众人都盯着的地方，你不要再去争了，你参与争夺只会引来大家的敌视。自己手边的，能先拿到再说，一点点积累，才是稳妥的发展方式。

魏文侯从谏：为谋大局，从善如流

门道

谋局者不拘小节，不争小利，甚至不管小事。心怀天地，志存高远的人，不会因为脚下的石头而停下脚步，而是迈过去，往更远的山峰走去。

三家分晋之后，韩、赵、魏同时发展，魏国迅速成为战国时代的第一个强国，这与国君魏文侯有很大关系。

魏文侯派军队讨伐中山，占领中山之后，把中山分给了自己的儿子魏击。庆功宴上，魏文侯问大家："你们觉得我这个君主做得怎么样？"

这个时候的魏文侯，刚取得一场大胜，自然是春风得意，踌躇满志。这种公开场合，魏文侯自然希望大家来夸一夸，吹捧一下他的功绩。

但是，有一个大臣叫任座，偏偏不给他面子，当场说："你算什么好君主？你攻克了中山之后，不分给自己的弟弟，分给自己的儿子。在我看来，你不算是好老板。"

魏文侯听后大怒，任座一看老板快发火了，赶忙跑了出去。

可能是为了挽回面子，魏文侯继续问旁边一个叫翟璜的人："你觉得我是一个什么样的君主？"

翟璜回答说："您当然是一个仁君。"

魏文侯希望他展开说说，于是问："你怎么知道？"

翟璜笑笑说："我听说英明的老板，他身边都会有一些正直的大臣。刚才任座指着您的鼻子批评您，您却能够忍受他的臭脾气，您身边有任座这样正直的臣子，您却没有为难他，自然是一个英明的仁君了。"

魏文侯一听，顿时开怀大笑，也意识到自己的错误，赶忙把任座给请了回来。

又有一次，魏文侯邀请田子方一块儿喝酒，顺便欣赏音乐。喝酒的时候，魏文侯突然对田子方说："刚才有个音好像不对。"

田子方听了笑笑，并没有回应魏文侯。

魏文侯以为田子方没有听到，又说："刚才有个音不对，您没有听到吗？"

田子方听了，摇摇头说："我自然听到您说话了。我听说君主懂得如何管理官员，而不是懂得音乐。现在您精通音乐，我担心您在管理官员方面会有所欠缺。"意思就是说，整天关注这些细节，就会忽略大局。

魏文侯听了恍然大悟，赶忙感谢田子方提醒自己。

魏文侯任用李悝、吴起、乐羊、西门豹、子夏、翟璜、魏成等人，富国强兵，抑制赵国，灭掉中山，连败秦、齐、楚诸国，开拓大片疆土，使魏国一跃成为中原的霸主。为什么这些人才都能为魏文侯所用，就是因为他能接受朝堂之上的批评，虚心接纳臣子的建议，并及时改正自己的错误，展现出了非常大的格局，是一个有人格魅力的君主。

老鼠只看到眼前几寸的地方，老鹰的视角却是以公里为单位。太注重细节，往往看人看事就不会全面，如果再有自鸣得意的心态，那就会在不正确的路上，越走越远。

我们在工作和事业中，一定要清楚自己的核心目标是什么，这就是大局。在不影响大局的情况下，很多小瑕疵都可以暂时放下，甚至为了大局要能委屈自己，团结众人。